続・市民マラソンが
スポーツ文化を変えた

Japanese Citizens' Marathon has changed Sports Culture 2

関西大学　経済・政治研究所
スポーツ・健康と地域社会研究班

亀井克之・杉本厚夫・西山哲郎
増田明美・吉田香織・尾久裕紀　著

協力
打越忠夫・白方健一・M高史

関西大学出版部

はしがき

　本書は、2017 年に出版した「市民マラソンがスポーツ文化を変えた」（関西大学出版部）の続編である。各章は関西大学経済・政治研究所、スポーツ・健康と地域社会研究班による第 2 期目の研究活動（2017 年度・2018 年度）に基づいている。

　本書のテーマである市民マラソンは、第 1 回東京マラソン（完走者 2 万 5102 人・完走率 96.3％）が 2007 年 2 月 18 日に開催されたのをきっかけにブームとなった。「全日本マラソンランキング 2018 年 4 月-2019 年 3 月」によるとフルマラソン完走者は東京マラソンが初開催された 2006 年度の 10 万 3590 人から 2018 年度には 37 万 7452 人へと 3.5 倍に増加した[1]。周知のように、東京マラソン以降、次々と新しい大会が開催されるようになっている。

　続編である本書おいても、市民マラソンが社会にもたらしたものは何かについて、さまざまな切り口で語りかけたいと思う。

　当研究班は、2015 年 4 月に発足し 2019 年 3 月まで 4 年間の研究活動を行った。

　メンバーは、委嘱研究員として、ロサンゼルス五輪女子マラソン日本代表で現在マラソン解説の第一人者である増田明美・大阪芸術大学教授、メンタルヘルスの専門家である尾久裕紀・大妻女子大学教授 / 成城町診療所長、2018 年度には非常勤研究員としてマラソンランナーで一般社団法人アスリートサポート協会理事の吉田香織さんをお招きした。

　関西大学からは研究員として、人間健康学部からスポーツ社会学を専門とする杉本厚夫教授と西山哲郎教授、社会安全学部からリスクマネジメントを専門とする亀井克之が参加した。

　本書には、各研究員による研究活動の内容を盛り込んでいる。

　第 1 章・2017 年度に実施したロンドンマラソン調査（杉本・亀井）。

　第 2 章・2018 年度に実施したベルリンマラソン調査（亀井）。

　第 3 章・2011 年度から現在に至るまで継続して行われている大阪マラソンの

調査（杉本）。

第 4 章・市民ランナーの意識調査（亀井・杉本・増田）。

第 5 章・2018 年 7 月 31 日に開催した公開セミナー「トップランナーと市民の交流に学ぶ健康」の記録（吉田）。

第 6 章・2016 年度〜 2018 年度に行った中小企業経営者の健康に関する日仏共同調査（尾久・亀井）。

第 7 章・パブリックビューイング論は西山教授による本書のための書下ろしである。あとがきも前書に続いて西山教授が担当している[2]。

なお、コラムは亀井克之が執筆した。

本書刊行に合わせて、関西大学経済・政治研究所ワーキングペーパーシリーズの記念すべき第 1 号として、The possibility of marathons that encourage local development -The case of the Isumi Health Marathon in Chiba Prefecture- (地域振興型マラソンの可能性　−千葉県いすみ健康マラソンの事例 -) を WEB 公開している[3]。

本書が前書に続いてスポーツ文化に関心のある読者の方々に何らかの参考になれば幸いである。

2019 年 9 月

関西大学経済・政治研究所　スポーツ・健康と地域社会研究班を代表して
亀井克之

＊本書における肩書きは 2019 年 3 月当時のものである。

注

1）『第 15 回　全日本マラソンランキング　2018 年 4 月-2019 年 3 月』月刊ランナーズ 2019 年 7 月号別冊付録，株式会社アールビーズ発行，2019 年 7 月。

2）『市民マラソンがスポーツ文化を変えた』関西大学出版部，2017 年 3 月
関西大学経済・政治研究所　スポーツ・健康と地域社会研究班　亀井克之・杉本厚夫・西山哲郎・増田明美・尾久裕紀著，協力：吉田香織・打越忠夫。
　　　第 1 章「地域振興型市民マラソンの可能性　〜千葉県・いすみ健康マラソンの可能性〜」増田明美
　　　第 2 章「市民マラソンは都市を活性化するか　—大阪マラソン共同調査が語ること—」杉本厚夫
　　　第 3 章「リスクマネジメントの視点から見た市民マラソン」亀井克之
　　　第 4 章「市民ランナーの星はいかに誕生したか　新たなアスリート支援の可能性」吉田香織・打越忠夫・亀井克之・増田明美
　　　第 5 章「スポーツ文化から 2020 を考える」増田明美・杉本厚夫・西山哲郎・尾久裕紀・亀井克之・吉田香織
　　　「あとがき」西山哲郎

3）関西大学経済・政治研究所ワーキングペーパーシリーズ，KUIEPS Working Paper Series　No.2018-1E
Akemi MASUDA, Katsuyuki KAMEI, Atsuo SUGIMOTO, Tetsuo NISHIYAMA, Kaori YOSHIDA, The possibility of marathons that encourage local development -The case of the Isumi Health Marathon in Chiba Prefecture- (地域振興型マラソンの可能性　−千葉県いすみ健康マラソンの事例−)
2019 年 2 月 27 日 WEB 公開（以下の URL で公開）
http://www.kansai-u.ac.jp/Keiseiken/wps/pdf/wps_01.pdf

＊本書は以下の研究成果の一部である。
・2018 年度〜 2019 年度　堺市と関西大学との地域連携事業「ホスピタルアートのある街」堺のブランド力向上と堺市民の健康意識向上への貢献
・2016 年度〜 2018 年度　関西大学　教育研究高度化促進費「ブランド創造都市」大阪の推進と発信　−食・安全・健康−
・2016 年度〜 2017 年度　関西大学　国際交流助成基金による関西大学と協定大学間の共同研究助成（ルーベン・カトリック大学）中小企業の CSR と地域社会における変革マネジメント Corporate Social Responsibility of SMEs and Change Management at Community
・2019 年度〜 2021 年度　文部科学省　科学研究費補助金　基盤研究（C）19K11233　中小企業経営者における職業性ストレスの尺度開発と実態解明の研究

目　次

はしがき　　亀　井　克　之 ·· iii

第1章　ロンドンマラソンにみる物語性 ······································ 1
　　　　　杉　本　厚　夫
　はじめに ·· 1
　1.　コースのストーリー ··· 2
　2.　チャリティのストーリー ··· 7
　3.　大会のストーリー ··· 9
　おわりに ·· 11

第2章　ベルリンマラソンのマジック ·· 13
　　　　　亀　井　克　之
　はじめに ·· 13
　1.　2018年大会　―キプチョゲ選手が世界新記録― ························· 13
　2.　ベルリンマラソン　「都市型」市民マラソンへの歩み ············· 14
　3.　ベルリンマラソンの特徴 ··· 14
　おわりに ·· 16

第3章　大阪マラソンのボランティアをブランディングする ······· 19
　　　　　～スポーツボランティアの物語性～
　　　　　杉　本　厚　夫
　1.　スポーツボランティアとは ··· 19
　2.　オリンピックにおけるスポーツボランティアの問題性 ············· 20
　3.　市民マラソンのスポーツボランティア ·· 22
　4.　大阪マラソンにおけるボランティアの公共の物語性 ················· 28

第4章　市民マラソンによる自己変革と組織変革 ……………………35
　　　　―大阪マラソン参加の事例―
　　　　　亀井克之・杉本厚夫・増田明美

1. はじめに ……………………………………………………………35
2. 市民ランナーの自己変革要素　―主要質問項目― …………………36
3. 走り始めた契機 ……………………………………………………36
4. ランニングを始めた後の自己変革と組織変革 ……………………36
5. 大阪マラソンを実際走っての印象的体験 …………………………40
6. 初マラソンとして 2018 年第 8 回大阪マラソンを走った
　　ランナーにおける自己変革的発言 ………………………………41
おわりに …………………………………………………………………41

第5章　市民ランナーとトップランナーの交流に学ぶ ………………45
　　　　　吉　田　香　織
　　　　　協力　白方健一・M 高史・大地　穂・打越忠夫

はじめに …………………………………………………………………46
1. 活動紹介・吉田香織 ………………………………………………46
2. 活動紹介・白方健一 ………………………………………………49
3. 活動紹介～ジャパササイズ・M 高史 ……………………………51
4. 大学駅伝・実業団・SNS …………………………………………57
5. プロランナー、市民ランナー ……………………………………65
6. 将来に向けて ………………………………………………………68
7. 活動紹介・シンガーソング・ランナー　大地穂 …………………72
8. 結びの言葉 …………………………………………………………75

第6章　老舗・ファミリービジネスにおける健康経営 ………………87
　　　　　亀井克之・尾久裕紀

1. 老舗・ファミリービジネスにおける経営者の健康・健康経営の視点 …………88

  2. 事例研究 ……………………………………………… 88

  3. 実証研究 ……………………………………………… 90

  結語 …………………………………………………… 91

第7章　メディア経験としてのスポーツ観戦 ……………… 95
　　　　―パブリック・ビューイングの社会性と公共性―
　　　　　西　山　哲　郎

  1. スポーツ観戦時のパブリック・ビューイングから社会を考える ……………… 95

  2. 文化を享受する姿勢の変化と公私関係の変容 …………………… 96

  3. 映画とテレビの受容形態の歴史を比較する …………………… 98

  4. スポーツとテレビ視聴の共存関係 …………………………… 100

  5. パブリック・ビューイングと公共性の関係に関するメディア論的考察 …… 101

  6. スポーツ観戦のパブリック・ビューイングが育てる公共性 ………………… 104

あとがき　　西　山　哲　郎 …………………………… 107

コラム　市民マラソンと人
　　　　―市民マラソンに関わる人たちの群像―

  ①増田明美 ……………………………………………… 31

  ②打越忠夫 ……………………………………………… 80

  ③吉田香織 ……………………………………………… 81

  ④白方健一 ……………………………………………… 83

  ⑤M高史 ………………………………………………… 84

  ⑥大地穂 ………………………………………………… 85

  完走メダルを首から下げて街を歩こう …………………………… 18

  走り始めて自分はこう変わった「BOM大阪魂」ランナーの場合 …………… 43

第1章　ロンドンマラソンにみる物語性

杉　本　厚　夫

はじめに

　都市型の市民マラソンのモデルとなったのは、1970年に始まったニューヨークシティマラソン（New York City Marathon）である。最初はセントラルパークを周回していたが、参加者が少なく大会開催が危ぶまれた。そこで、ニューヨークの市街地を走ることに切り替えた途端に参加者が飛躍的に伸び、今では、5万人が走る大会となっている。このニューヨークシティマラソンをモデルとして、1981年に始まったロンドンマラソン（London Marathon）は、世界6大マラソン（Abbott World Marathon Majors：ボストンマラソン（Boston Marathon）、ニューヨークシティマラソン、シカゴマラソン（Chicago Marathon）、ベルリンマラソン（Berlin Marathon）、東京マラソン）のひとつで、4万人のランナーが走る市民マラソンとして世界的に人気のある大会である。

　その参加者のカテゴリーは、海外ランナー（International Entry）、チャリティランナー（Charity Entry）、年齢標準時間達成ランナー（Good For Age Entry）、英国陸上競技クラブ所属ランナー（British Athletics Club Entry）、エリートアスリートランナー（Championship Entry）、車いすランナー（Wheelchair Entry）、視覚障害者ランナー（Visually Impaired Runners）、前年度ケガや病気で参加できなかったランナー（Deferred Entry：due to injury or illness）、一般ランナー（General Conditions of Entry）と多様であり、市民マラソンという点ですべての人に門戸が開かれている。

　ロンドンマラソンの特徴は、チャリティ団体に寄付をするために走るチャリティランナーが参加ランナーの3分の2を占め、近年は約90億円にも上る寄付

を集めるのである。ちなみに、大阪マラソンの寄付金は約2億円（2018年）であることから、その額が桁違いであることが分かる。

　このように、世界の人々が走ってみたいと強く望むロンドンマラソン。その秘密は一体どこにあるのだろうか。それを探るために、われわれ研究班は2017年のロンドンマラソン大会を現地調査してみた。

　その結果、そこには3つの物語（ストーリー）が存在し、その物語がロンドンマラソンの魅力をわれわれに伝え、人々を大会へと誘うことが明らかになった。では、どのような物語が紡ぎだされているのだろうか。

1.　コースのストーリー

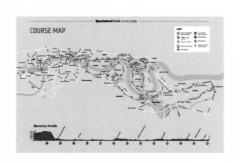

　ロンドンマラソンのコースはテムズ川沿いに走る42.195kmである。比較的平坦なコースではあるが、その町並みは変化に富んでおり、ランナーを飽きさせない。それは、主催者のコース案内（Virgin Money London Marathon 2019 Course Map）によると4つのゾーンに分けられている。単に距離によって分けられているのではなく、実は、その4つのゾーンにはそれぞれ意味がある。では、どのような意味を有しているのか読み解いてみよう。

1-1.　移民国家とその文化
（FIRST 6 MILES：BLACKHEATH-WOOLWICH-GREENWICH）

　ロンドンマラソンのスタートはグリニッジ（GREENWICH）だ。ここには経度0度の子午線がある。つまり、世界の中心がスタート地点となっている。それは、かつて大英帝国として世界を席巻してきた誇りを思い起こさせようとしているかのようである。そこには19世紀に世界の商船として活躍したカティーサー

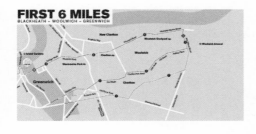

クがシンボリックに展示されているのも、貿易を通して世界を支配していたことをわれわれに語り掛けてくる。

　広々としたグリニッジ公園内の赤、青、緑に分けられた3ヶ所からスタートする。こうすることで、スタートの渋滞を避けることができるのである。ちなみに、大阪マラソンは1ヶ所なので最終ランナーがスタートするまでに約30分かかるが、ロンドンマラソンは約10分である。そして、それぞれのコースは、混乱なく合流するようになっている。

　この地域は多民族（ethnic diversity）の住むゾーンであり、それぞれの民族独特のリズムや装束で応援がなされ、いやがうえにも盛り上がる。

　17世紀に始まったとされる英国の植民地政策は、最盛期には世界の4分の1を支配したと言われる。20世紀に入って植民地が独立し始めると、英連邦（British Commonwealth of Nations）としてその統治を維持してきた。そこでの統治は、それぞれの植民地での文化を大切にし、ある程度、

自治を認めるものであったため、その関係は良好であり、連邦からの移民は英国に対する理解や尊敬があった。しかも、英国も移民に対して、社会統合する必要性が大陸諸国に比べて高くなく、必ずしも英国への同化を求めないとする考え方が主流であった[1]。

　つまり、ここでのストーリーは、イギリスは世界の中心であり、多くの移民を受け入れて、それぞれの文化を大切にしながら、イギリスという国への愛着心（national identity）はつくられてきたのだということをランナーに知らせるのだ。

1-2. 近代化と都市づくりの歴史

（MILES 7 TO 22：GREENWICH-THE TOWER-THE ISLE OF DOGS）

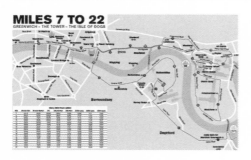

第2のゾーンは、伝統的な開門橋であるタワーブリッジ（THE TOWER）を渡り、ロンドンの東部地区を走る。

この地域は「イースト・ロンドン」とよばれ、かつては、牧草地として使われていた農村地帯だったが、産業革命以降は、工業地帯としてイギリスの産業を支えてきた地域である。ロンドンの中心部を流れるテムズ川に沿ったこの地域は、古くから港湾建設に携わる日雇い労働者や外国人労働者が集まる街であった。しかし、20世紀の後半になって工業が衰退し始め、それと同時に港湾機能が低下するようになった。その結果、1980年代にはロンドンで最も失業率が高く、スラム化する地域となり、都市の再開発が計画されるようになる。

イースト・ロンドンにおける都市再生は、1981年に設立されたロンドンドックランズ開発公社（London Docklands Development Corporation）によるドックランズの再開発に始まる。それは、これまでの低所得者への対策から公的資金を投入したインフラの整備への変更を意味する。カナリーワーフの高層ビルはその象徴であり、今やロンドンの金融拠点となっている。そして、1990年に示されたテムズゲートウェイ計画で、ストラットフォードのショッピングセンターと国際鉄道駅の整備を行い、都市再生を進めていった[2]。さらに、都市再生の一つとして、サッカーワールドカップやオリンピックなど世界的なスポーツイベントの誘致を積極的に行う政策を打ち出し、2000年にオリンピックをはじめとした大規模イベントの開催を主導する組織とし

4

て、ロンドン開発局（London Development Agency, LDA）を設立した。その結果として、2012 年に開催されたロンドンオリンピック・パラリンピック大会は、このイースト・ロンドンの再開発の一環として行われたのである。

　つまり、ここでのストーリーは、イギリスの近代化と都市づくりという歴史を学ぶということである。

1-3.　伝統文化と国づくり
（MILES 23 TO 26：THE HOME STRETCH：LONDON BRIDGE-THE MALL）

　第 3 のゾーンは、ゴールに向かうテムズ川沿いの道で、歴史的な建造物が立ち並ぶ。

　世界遺産であるロンドン塔（Tower of London）が最初に現れてくる。この城塞は「ホワイトタワー」とも呼ばれ、ウィリアム 1 世が 1078 年にロンドンを外敵から守るために建設に着手し、約 150 年かけて、ヘンリー 3 世（1207 〜 1272 年）の時代に完成した。12 世紀からから 17 世紀初頭までは王宮として使用され、「女王陛下の宮殿にして要塞」（Her Majesty's Royal Palace and Fortress）と呼ばれた。さらに 15 世紀後半から 19 世紀初頭までは政治犯の牢獄や処刑場としても使われた。

　次に現れるのが、ロンドン橋（LONDON BRIDGE）である。1209 年に完成した最初の石造の橋である。この橋はアーチ型の構造で造られており、かつては橋の上に家が建ち並び、18 世紀中半に道路専用となるまで、火災や地盤沈下がたびたび起きていた。「ロンドン橋落ちた」の童謡は、このような状況を歌ったものである。その後、何回かの改修を経て、1973 年に現在の橋となった。

　コース上沿道にはないが、見ることができるのがイギリス国教会のセントポール大聖堂（St. Paul's Cathedral）である。中世にノルマン様式で建造されたが、1666 年のロンドン大火で焼失した。その後、チャールズ 2 世により 17 世紀後半から 18 世紀初頭にかけて新古典主義様式の大聖堂が再建された。

このコースの後半では、国会議事堂のビッグベン（BIG BEN）が迎えてくれる。1859 年におよそ 13 年の年月をかけて完成された当時世界最大のゴシック様式の時計台である。第二次世界大戦中に国会議事堂が破壊されたときにも、時計台ビッグベンは壊れず、鐘を鳴らし続けたというエピソードが残っている。

このように、伝統的な建造物を巡るコースで、イギリスが歩んできた歴史を垣間見ることができるのである。観光地をめぐるコースは多くの都市型マラソンで行われているが、伝統的な建造物を通して、国づくりの歴史ストーリーを実感することができるのはロンドンマラソンの特徴的な仕掛けであると言えよう。

1-4. 連合王国

THE FINISH

第 4 のゾーンはゴール（FINISH）地点である。1835 年からビクトリア女王以降歴代国王の住まいとなるバッキンガム宮殿（BUCKINGHAM PALACE）を背に、王室の公園（THE ROYAL PARKS）である聖ジェームズ公園（St. JAMES'S PARK）にゴールする。

そして、1245 年ヘンリー 3 世によって再建されたゴシック建築の教会であり、戴冠式をはじめとした記念式典や王室の冠婚葬祭が執り行われているウエストミンスター寺院（WESTMINSTER ABBEY）の庭で、家族や知人と待ち合わせ、帰途につくのである。このように、王室ゆかりの地をフィニッシュにしていることで、イギリスが王国であることを印象付ける。

　われわれが一般的に呼んでいるイギリスの正式名称は「United Kingdom of Great Britain and Northern Ireland（UK）」であり、イングランド、ウェールズ、スコットランド、北アイルランドの4つの王国の連合から成り立っていることを示している。ウェールズ、スコットランド、北アイルランドは各々異なる権限を委譲された政権を有しており、自治が行われている。それゆえに、スコットランドの独立やEUからの離脱など、国民投票によって決するという政治的な判断を行うことになる。これらを統合しているのが国王の存在である。

　立憲君主制をとっているイギリスでは、国家元首は国王（現在はエリザベス女王）であるが、その憲法においては「国王は君臨すれども統治せず」とあり、その存在は日本と同様に象徴的である。しかし、国民にとってその存在は宗教的な側面も含めて、生きていく上で大きな影響力を持っており、一つの理想のモデルとして精神的な礎となっている。

　このように、走ることでイギリスという国を知ることができるのである。

　ちなみに、セントラルフィニッシュなので、ゴールした後は近所のパブ（居酒屋）に祝杯をあげに行く。そこでは、完走メダルを見つけた市民が、おめでとう（Congratulation）という言葉とともに、ビールをご馳走してくれる。市民のホスピタリティを感じる一瞬である。このようなレース後の市民との交流も、良き思い出として物語を紡ぎだすのである。

2.　チャリティのストーリー

　ロンドンマラソンにおけるチャリティマラソンのシステムは、ランナーが約500のチャリティ団体から寄付先団体を選び、寄付金を集めることでその団体の

チャリティランナーとして大会に参加するのである。このようにして、2017年のロンドンマラソンでは、ランナーが6150万ポンド（92億2500万円）のチャリティを調達した。

　もちろん、イギリスはチャリティ文化が根付いているという背景は否めないが、それだけでは、これだけの金額は集まらない。チャリティをしたくなるような物語の仕掛けがそこにはあるのだ。

　2017年のロンドンマラソンのチャリティアンバサダーは、ウィリアム（William）王子、キャサリン（Catherine）妃、ヘンリー（Henry）王子のロイヤルファミリーである。母であるダイアナ妃がなくなって20年、チャリティ団体（Heads Together）に関わることで、初めて心を開き、母のことを語ったのである。これが、ドキュメンタリー番組『Diana, Our Mother: Her Life and Legacy』として放送され、話題となった。このようにして、チャリティアンバサダーとして、チャリティ団体の活動に関して、具体的なストーリーを語ることによって、市民のチャリティ意識が醸成されるのである。

　また、チャリティランナーも自分が走る理由（#Reason To Run）を表明する。例えば、「エミリーは2年前に息子を自殺によって亡くしました。そのことによって受けた精神的なスティグマを払拭し、意識を高めたいと思っています。そこで、彼女は人々の観方を変え、精神的健康を保つことに積極的に取り組んでいるチャリティ団体であるHeads Togetherのために走ります」と、走る理由が明確にストーリー性を持って語られる。このようなメッセージがホームページやSNSで流されることによって、人々は彼女に対してチャリティをするのである。

　さらに、メディアもそれぞれのチャリティ団体の活動についてインタビューし、その映像を通して視聴者にメッセージとして届ける。また、チャリティ団体も仮装をして、観客に自分たちの活動を分かりやすくアピールする。もち

ろん、前日の EXPO では、ブースで積極的に活動をアピールするのである。

　このように、ロンドンマラソンはチャリティに関するストーリーで溢れている。このような仕掛けがあるからこそ、チャリティ意識が高揚し、多額のチャリティを集めることができるのである。

3.　大会のストーリー

　ロンドンマラソンをメディアはどのように捉えて、報道しているのだろうか。日本では、誰が優勝したとか、記録は何時間何分だったとかいったレース結果を報道するのが一般的である。しかし、ロンドンマラソンを報道している BBC はトップニュースで、大会での出来事を次のように伝えている（BBC NEWS 23 April 2017）。

　タイトル：走れなくなったランナーのフィニッシュを手伝ったロンドンマラソンのランナーは、「困っている人」に手を貸しただけだと言った。

　ウィリアム王子を含む多くの人が、ゴールの手前 300 メートルで止まってしまった David Wyeth を助ける Matthew Rees を応援した。Rees 氏は、Wyeth 氏に「われわれはゴールラインを一緒に通過するぞ」と言った。レースの関係者は「これこそ、ロンドンマラソンの真髄だ！」とツイートした。

　Rees 氏は次のように語った。私は最終コーナーを回って来て、足を痛めて苦しんでいるランナーを見つけた。彼は起きようとするが、地面に倒れてしまう。私は彼のところに行って、「がんばろう、絶対ゴールできるよ」と励ました。しかし、彼が走ろうとする様子を見ていると、もう一人で走るのは無理だと気づいた。そこで、私は自身の走りを止めて、仲間のランナーを助けてゴールまで一緒に歩いた。「がんばれ、ゴールできるよ。一緒に行こう。そして、一緒にゴールしよう」と彼を励まし続けた。そして、「3 時間をきらなくても、大会が終了するまでに一緒に確実にゴールしたいだけだ」と付け加えた。私は彼の腕を肩におき、ゴールまで歩いた。群衆は信じられないほど、私たちを応援していた。

　Rees 氏と Wyeth 氏の二人がゴールラインを切ったとき、観衆は拍手を送り、その中にはケンブリッジ公爵とハリー王子もいた。二人は2時間52分26秒でレースを終えた。

　Wyeth 氏は次のように語った。誰か知らない人のために、自分のレースを捨ててその人を助けるという素晴らしいことを彼は成し遂げたのだ。私は彼に「行ってください。あなたは私のためにレースを犠牲にしないでください」と言った。しかし、彼は私と一緒にその場に立ち止り、ボランティアも反対側で私を支えてくれたのだ。私は立ち上がった。彼らは私を助け、私は何とか歩き続けようとした。

　このような行動について、Rees 氏は、「誰でも同じことをするだろう」と述べた。「ただ困っている人を助けただけだ。彼がゴールできて、大丈夫だったら、それでとても嬉しい」と彼は付け加えた。

　その精神は、走ることとマラソンが何を意味するのかをわれわれに問いかけている。

　このように、メディアは大会における美談（an impressive story）をトップニュースで伝えるのだ。そのストーリーは、われわれの日常生活の中で忘れていた、困っている人を助けるという当たり前のことを思い出させる。つまり、市民スポーツが社会的価値をあぶりだし、われわれにそのことを気づかせてくれる重要な存在であることを取り上げるメディアの報道の背影は、スポーツ文化へのリスペクトとその存在意義を伝えようとするスポーツジャーナリズムが、しっかりと根づいているといえるだろう。

おわりに

　以上のように、イギリスという国が移民を受け入れ、それぞれの文化を大切にしながらも国民国家（Nation State）として存在し、伝統を重んじながら、近代化と都市づくりを進めていったことが、コースを走ることで知ることができるのだ。また、チャリティマラソンとして、寄付文化を醸成することで、日常生活の交換経済におけるステークホルダーの関係を見直し、贈与による人々の紐帯とコミュニティ形成を考えるきっかけを作る。そのことは、大会のランナーが困っている人を助けるという行為に繋がっており、まさしくチャリティマラソンの意味をわれわれに伝えてくれる。

　このようなロンドンマラソンの 3 つのストーリーは、人々を魅了すると同時に、現代社会を生きる豊かさとは何かを問いかけてくる。そして、都市生活で市民として生きるための大切なことを教えてくれる道徳教育（Citizenship Education）でもあるのだ。

引用文献

(1) 平成 18 年度内閣府経済社会総合研究所委託調査「英独仏における外国人問題への取り組み及びその課題に関する調査研究」三菱 UFJ リサーチ＆コンサルティング株式会社、2007
(2) 根田克彦「イーストロンドンにおけるオリンピックと都市再生」日本地理学会発表要旨集 2015a（0），100111，公益社団法人　日本地理学会、2015

参考

ロンドンマラソンホームページ：https://www.virginmoneylondonmarathon.com

第2章　ベルリンマラソンのマジック

亀　井　克　之

はじめに

　ベルリンマラソンは Magic だ。Berlin Magic。

　このように表現したのは、ベルリンマラソンに参加する日本人ランナーたちの支援を続けている、フリーランスのバッハ和歌子さんだ[1]。魔法（Magic）のように私たちを魅了するベルリンマラソンについて紹介しよう。

1．2018 年大会　―キプチョゲ選手が世界新記録―

　関西大学経済・政治研究所スポーツ・健康と地域社会研究班は、2017 年ロンドンマラソン調査に続いて、2018 年ベルリンマラソンの調査を実施した。2018 年大会の概要を以下に示す。

図表 2-1　ベルリンマラソン　2018 年大会の概要

2018 年 9 月 16 日
ジーゲスゾイレ（戦勝記念塔）～ブランデンブルグ門までのコース 42.195 キロ
エントリー　4 万 4389 人
完走者　　　4 万 775 人
参加国　　　133 か国
男子結果　1 位　エリウド・キプチョゲ（ケニア）2 時間 1 分 39 秒　世界新記録
日本人トップ　中村匠吾（富士通）2 時間 8 分 16 秒
女子結果　1 位　グラディズ・チェロノ（ケニア）2 時間 18 分 11 秒　大会新記録
日本人トップ　松田瑞生（ダイハツ）2 時間 22 分 23 秒

2. ベルリンマラソン 「都市型」市民マラソンへの歩み

ベルリンマラソンは1974年に初開催された。第1回の参加者数は286人だった。ベルリンマラソンは1974年から1980年までは、森の中を走る競技者中心のレースだった。当時の参加者数は300人前後だった。

1981年から、市内を走り、競技者だけでなく市民も本格的に参加できる市民マラソンとなった。都市型の市民マラソン大会となった1981年大会には、30か国から3486人の参加者が集まった。市内を走る市民マラソン化に反対したのは、交通規制をしなければならなくなる警察だった[2]。

3. ベルリンマラソンの特徴

ベルリンマラソンには次のような特徴がある[3]。

(1) シンプル運営の受付：エントリー後の案内はすべてメールで行われ、郵便物が届くことはない。2018年大会では、ゼッケンを受け取った後、安全ピンは必要な人だけ自分で箱から取り出し、チラシや試供品の入った袋は受け取らないという選択肢もあった。エントリー費（108ユーロ）に参加賞のTシャツ代は含まれておらず、希望する場合は追加で30ユーロを支払った。

(2) 大会前日の土曜日に2万人が市内を走る

① 「ミニマラソン」：ベルリンマラソン本番コースの38キロ地点であるポツダム広場からゴールまでの4.2195km（フルマラソンの10分の1の距離）

のコースを子どもが走る。子どもの親が熱い声援を送る。ゴール300メートル手前のブランデンブルグ門の前は「我が子を見よう」という親たちで溢れかえる。2018年は1万89人が参加した。翌日、すなわちマラソン本番当日のBerliner Morgenpost紙の別冊には、「ミニマラソン」を完走した子どもたち全員の名前とタイムが掲載される。前日から地元を盛り上げると同時に、幼いころからベルリンマラソンのファンになってもらうためのイベントである。

土曜日のブレックファストランでは仮装ランナーが集う

②　「ブレックファストラン（インターナショナルフレンドシップラン）」：シャルロッテンブルグ宮殿から、ベルリンオリンピック競技場までの6kmを走る。参加者は国際色豊かなコスチュームや仮装でファンランを楽しむ。1936年にベルリンオリンピックが開催された時の姿を残している競技場で、本番にはない競技場トラックでのフィニッシュを楽しめる。「ブレックファストラン」には誰でも参加できる。

③　「インラインスケート」：翌日のベルリンマラソン本番とほぼ同じコースをインラインスケートで駆け抜ける。優勝タイムは60分を切る。土曜日にインラインスケート、日曜日にフルマラソンを走るという猛者もいる。

(3) セントラルフィニッシュ：ベルリンの街のシンボルであるブランデンブルグ門をくぐると残り300mでゴール。

(4) 世界記録が11回誕生してきた高速マラソン：

①　2001年　高橋尚子　2時間19分46秒　当時の世界新記録

②　2005年　野口みずき　2時間19分12秒　現在も日本記録

③　フラットなコース設定

Berliner Morgenpost 紙。土曜日のミニマラソンを完走した子どもたちの名前と記録が日曜日に掲載（左）。日曜日のマラソンを完走したランナーの名前と記録が月曜日に掲載（右）。

④　先頭集団に対する先導車による表示（「正確なペース／ラップ」「ゴールタイム予測」「世界記録との差」）

おわりに

　さまざまな歴史のあるベルリンの街を走る。

　マラソン大会前日に、任意参加で、6キロのファンラン（インターナショナルフレンドシップラン）がある。ファンランのゴールは、1936年のベルリン・オリンピックの競技場だ。ベルリンマラソンのコースには含まれていないこのオリンピック競技場がファンランのゴール地点となっている。マラソン本番は真剣に走るランナーたちも、ファンランでは、リラックスして走る。マラソン本番ではしない仮装をして走る人も少なくない。同じく前日には、マラソン本番と同じコースで10分の1の距離の4.2195キロを子どもたちが走り、親が熱い声援を送る。これは幼い頃からベルリンマラソンのファンになってもらうための試みだ。さらに、前日にはマラソンと同じコースでインラインスケートの競技が行われる。

インターエアーのベルリンマラソン・ツアーに参加した歴代
ランナーの同窓会が 2019 年の東京マラソン前日（2019 年 3
月 2 日）に開催された。長年日本人ランナーのお世話をして下
さっているバッハさんを囲んで。これも Berlin Magic。

　ここまで前日に盛り上げておいて、日曜日のマラソン当日。車いすマラソンに
続いて、マラソン競技が行われる。歴史ある街並みのコース。沿道の声援。残り
300 メートルでくぐるブランデルグ門。ゴール後のメダル。メダルを首からかけ
て、ビールで祝杯。街のあちらこちらで完走メダルを首からかけた人たちが行き
交う。

　これらすべてが Berlin Magic を形づくり、人々を魅了する。

注

1 ）バッハさんが携わっているインターエアーは世界のマラソンツアーを専門に企画して
　いるドイツの旅行会社。
2 ）本章の内容は、株式会社アールビーズ発行・月刊『ランナーズ』2018 年 12 月号，ベ
　ルリンマラソン特集記事，28-35 頁に基づいている。
3 ）同上。

⬤コラム 完走メダルを首から下げて街を歩こう

　海外の市民マラソンでは、完走メダルを首から下げて、街を歩いている人をとてもよく見かける。メダルを見て、見知らぬ人から、Congratulations！の言葉がかけられる。

　マラソンを完走したら、完走メダルを首から下げて走り終わった街を歩こう。打ち上げをする時は、完走メダルを首にかけて乾杯しよう。これも市民マラソンの醍醐味。

　2019年のボストンマラソンでは、マラソンの翌日でも、本当にたくさんの人たちが完走メダルを首から下げて街を歩いていた。街の風景をバックにメダルの写真撮影をしている人たちの姿が目立った。

第3章　大阪マラソンのボランティアをブランディングする
〜スポーツボランティアの物語性〜

杉　本　厚　夫

1.　スポーツボランティアとは

　ボランティアという言葉は1995年の阪神淡路大震災から一般的に認識され、2011年の東日本大震災までの「災害ボランティア」を思い浮かべる人は多い。あるいは、日常的には障がい者のための「福祉ボランティア」が活躍している。しかし、最近では「スポーツボランティア」が盛んに行われるようになってきた。ただ、それらのボランティアには違いがある。災害ボランティアは被害を受けたこと、福祉ボランティアでは支援が必要なことに対して、その「苦しさ」をまず共有しなければいけない。そして、それらのボランティア活動に対しては「感謝」されるのである。一方、スポーツボランティアは、例えば、大阪マラソンのような市民マラソンでは、ランナーは好きで、しかも楽しんで走っているわけだから、その「楽しさ」を共有することから始まる。そして、給水ボランティアといってランナーに水を渡す活動では、もちろん、ランナーからはありがとうと言って感謝されるが、それ以上に、走っている姿に「感動」するという。このように、スポーツボランティアは、災害や福祉のボランティアとはその活動の意味が異なっているのである。

　では、日本におけるスポーツボランティアはどのような経緯で拡大していったのだろうか。一般的にボランティアを公募する方式が始まったのは、1985年のユニバーシアード神戸大会で、8,300人の一般の市民がボランティアとして関わり、給水をはじめとして会場や交通の整理等を行った。ユニバーシアードという大学生のスポーツ大会なので、当然、大学生のボランティアが多かった。さらに1994年の第12回アジア競技大会の広島大会では、一般の広島市民4,000人がス

ポーツボランティアとして関わった。その後、1998 年の冬季の長野オリンピック競技大会（以下、オリンピック競技大会は五輪と略す）では 33,000 人、2002 年の日韓サッカーワールドカップは日本でのボランティアは 16,500 人、韓国と合わせると 4 万〜5 万人のボランティアが活躍したというように数的には拡大していった歴史的経緯がある。

　一方、世界のスポーツボランティアについてオリンピックを中心に見ていくと、1948 年のロンドン五輪で一般ボランティアを募集したことから始まった。1964 年の東京五輪では 7,300 人のスポーツボランティアが活動した。しかし、これは一般に募集したわけではなく、体育大学の学生、競技団体の関係者、ボーイスカウト、スポーツ少年団など、いわゆる動員された人が中心であった。1984 年のロサンゼルス五輪では、一般ボランティアを 28,000 人募集した。しかし、実際にボランティアとして関わったのは 5 万人で、22,000 人は動員された。それが、1996 年のアトランタ五輪になると 42,000 人が一般公募されるようになる。さらに、2000 年のシドニー五輪からは外国人のボランティアも参加することができるようになり、2008 年の北京五輪では、4 分の 1 が外国人のボランティアであった。2012 年のロンドン五輪では 1 万人の参加選手に対して、70,000 人のスポーツボランティアが活動する。2020 年の東京五輪では、80,000 人の大会ボランティアと東京都の 30,000 人の都市ボランティアを合わせて 110,000 人のスポーツボランティアが募集され、大会ボランティアは 186,000 人、都市ボランティアは 36,000 人の応募があった。

2. オリンピックにおけるスポーツボランティアの問題性

　このように、最近のオリンピックでは、スポーツボランティアが大量に導入されて大会を運営するようになった。この背景には、国を挙げてオリンピックに取り組んでいるという姿勢を世界にアピールしたいという開催国側の思惑がある。

　しかし、一方でスポーツボランティアによる問題が発生したのである。

　1996 年のアトランタ五輪では、ボランティアが大量に辞退したことによって、

バスの運行のトラブルや、警備の不備によってテロの犠牲者がでるなど、ボランティアの責任問題と依存度の高さが批判されるようになった。そこで、このことを受けて1996年に国際オリンピック委員会（以下、IOC）は、オリンピックの運営に行政の関与を求めるようになった。そして、ボランティア研修等を義務づけ、極力ボランティアの人数をおさえるようにという方針を打ち出したのである。

　また、前述した1984年のロサンゼルス五輪は、初めてオリンピックがアマチュア規定を廃止して、スポンサーからの協賛金と放送権料で大会を運営する商業主義の大会に構造変容した。つまり、それまで赤字であったオリンピックが儲かるスポーツイベントとしてビジネス化するきっかけをつくったのである（杉本厚夫、『映画に学ぶスポーツ社会学』世界思想社、2006年）。そうすると、そこに動員されたボランティアは、人件費を浮かすために、ただ働きをさせられたのではないかという批判が起こった。2020年の東京五輪がブラックボランティアだというふうに言われる理由の一つは、そういう商業オリンピックにかかわらず無償であること、宿泊費も交通費も全部自分で持つことに対しての批判である（本間龍『ブラックボランティア』角川新書、2018年）。

　つまり、大会の公共性とボランティアの公益性の在り方が問題とされたのである。

　オリンピックは、かつての1964年の東京五輪の時のようなアマチュアリズムの中で開催されているオリンピックではなくて、いわゆるビジネスとして大会が運営されているわけだから、その公共性がいかに担保されているのかということが問われる。

　無償性、公益性、自発性がボランティアを定義づけるキーワードだが、2020年の東京五輪は学生のボランティアを積極的に採用しようとする傾向にある。大学の思惑もあって、東京の大学を中心に早くから組織委員会と協力関係を結び、学生にボランティアに登録するように呼び掛けている。また、時期的な問題で授業や試験等の大学のカリキュラムにも配慮を要請するということが行われている。また、ボランティア単位を設定している大学もあり、自発性という意味で、

本来のボランティアではないという批判もある。

　さらに、ボランティアの募集ページでは、やりがいを強調する。「最後までやり遂げたときに一体どんな自分に出会えるのだろう」。ある面、若者向けのメッセージと読み取れるような内容だが、未知への自分に出会えるというボランティアによる自己実現を強調する。この点も、公益性という点から非難されるところである。

　以上のことから、スポーツボランティアでは、個人の自己実現の物語より、公共の物語をいかに描くことができるかという事が重要である（仁平典宏『「ボランティア」の誕生と終焉』名古屋大学出版会、2011 年）という視点が必要ではないだろうか。

3.　市民マラソンのスポーツボランティア

　次に、競技の世界でのボランティアではなく、最近、広がりを見せる市民スポーツ、とりわけ市民マラソンにおけるスポーツボランティアについて考えてみよう。

　地方都市で開催されている市民マラソンを田園型市民マラソンと呼んでいる。規模的には 1,000 から 5,000 人程度で、地域住民がボランティアとして参画する大会である。例えば、リンゴなど自分たちが作ったものをランナーに配るということを自発的に行っている。そこには、地域外から多くの人を受け入れることで、ホスピタリティを発揮し、町おこしに貢献しているという自覚がある。つまり、町おこしのためのボランティアとしての公益性が存在する。例えば、Ｊリーグが発足した時、鹿島町という地域に鹿島アントラーズというチームが設立され、鹿島スタジアムに何万人というファンが応援のために訪れた。そこで、地元の人たちが交通整理などのボランティアをすることで、地域への愛着を持ち、公

共性が培われたという。

　一方、東京マラソンや大阪マラソンのように都市を走る都市型市民マラソン
は、万単位で参加者があり、ボランティアも一般公募したり、関係の団体に依頼
したりすることで運営している。この場合、依頼された団体では、一般的に公募
してきたボランティアと比較して、やはりボランティアの自発性の面で問題を含
む場合がある。さらに、一般的な公募ボランティアにしても、前述したような自
己実現といった個人的な理由や自分のボランティア活動を SNS に流して、みん
なから「いいね」をもらうことによって、自己の社会的存在を確認しようとする
ボランティアも増えてきている。その面では、ボランティアの公益性の欠如とい
えるかもしれない。

　そこで、第1回の大阪マラソン（2011年）でボランティアの参加動機とボラ
ンティアをした後の評価、いわゆる文化的レガシー（生活様式や考え方としての
遺産）について調査した結果、次のことが明らかになった。

　大阪マラソンでボランティア活動を行う参加動機の構造について、因子分析を
行なったところ、4つの因子を見出すことができた（表1）。

　第1因子：自己実現・公益因子

　「ボランティアの経験を深めたいから」「地域や社会のために役立ちたいから」
「自分自身を高めたいから」「人の世話をしたいから」「いろんな人に出会えるか
ら」「日常生活に張り合いを与えてくれるから」と大阪マラソンのボランティア
を通して、自分の思いを達成したいという項目と人の役に立ちたいという項目が
上がっており、自己実現・公益因子ということができる。

　第2因子：イベント因子

　「大阪マラソンの特徴であるチャリティが面白いと思ったから」「新聞やテレビ
などのメディアに取り上げられるから」「参加人数が多く規模が大きい大会だか
ら」「大阪マラソンのコンセプトあるいはテーマが気に入ったから」「有名人と出
会えるから」と大会の特徴がボランティア活動へ向かわせたと考えられ、イベン
ト因子ということができる。

表1　大阪マラソンにおけるボランティア活動の参加動機の因子分析

	回転後の成分行列			
	1	2	3	4
ボランティアの経験を深めたいから	0.763	0.199	0.127	0.056
地域や社会のために役立ちたいから	0.763	0.13	0.125	-0.036
自分自身を高めたいから	0.747	0.2	0.075	0.084
人の世話をしたいから	0.712	0.077	0.076	0.264
いろんな人に出会えるから	0.687	0.143	-0.042	0.204
日常生活に張り合いを与えてくれるから	0.654	0.343	0.01	0.153
大阪を盛り上げたいから	0.526	0.395	-0.012	-0.069
大阪マラソンの特徴であるチャリティが面白いと思ったから	0.263	0.731	0.136	0.068
新聞やテレビなどのメディアに取り上げられるから	0.122	0.707	0.286	0.266
思い出や記念になるから	0.2	0.694	-0.16	0.089
参加人数が多く規模が大きい大会だから	0.109	0.68	0.12	0.328
大阪マラソンのコンセプトあるいはテーマが気に入ったから	0.329	0.665	0.094	-0.005
有名人と会えるから	0.143	0.66	0.308	0.335
時間に余裕があったから	0.261	0.383	0.368	0.18
団体や関係者に依頼されたから	0.094	0.072	0.875	0.05
人から勧められたり誘われたから	0.039	0.159	0.843	-0.023
ランナーとして参加できなかったから	0.037	0.186	0.071	0.791
マラソンが好きだから	0.197	0.229	-0.093	0.766
趣味や特技を活かせるから	0.467	0.118	0.226	0.497

※因子抽出法：主成分分析　回転法：Kaiser の正規化を伴うバリマックス法

第3因子：勧誘因子

「団体や関係者から依頼されたから」「人から勧められたり誘われたりしたから」とボランティア活動が、自分以外の人からの誘いによるものであるという項目から、勧誘因子ということができる。

第4因子：マラソン因子

「ランナーとして参加できなかったから」「マラソンが好きだから」とマラソンに関連した項目から、マラソン因子と呼ぶことができる。

　以上のように、大阪マラソンのボランティア活動に参加してみようとした動機は、何といっても自己実現と公益性にあるといえる。つまり、自己の存在意義と社会貢献をボランティア活動に求めている。次に、大阪マラソンのチャリティなどの特徴が気に入って参加しようとしている。このことはある面、公益性を伴っているといえる。そして、誰かに誘われたというきっかけ作りも、ボランティア活動に向かう動機となるが、動員との関係も払拭できず、自発性の欠如の問題もはらんでいるといえる。

　ただ、大阪マラソンのボランティアの参加動機の内容では、最も多かったのは、「大阪を盛り上げたいから」が85.1％である。大阪という地域を活性化することは、スポーツボランティア独特の参加理由であるといえる。また、第2位は「地域のために役に立ちたい」が84.3％であり、いずれも公益性の意味を有しているといえる。

　さらに、「いろんな人と出会いたいから」（80.3％）や「人の世話をしたいから」（75.5％）が高く、人とのつながりを求める活動をしたいと考えている。

　一方、「思い出や記念になるから」（78.9％）や「自分自身を高めたいから」（77.0％）といった個人的な自己実現の動機も多い。

　次に、大阪マラソンでボランティアをしてみての文化的レガシーについて、因子分析を行なったところ、4つの因子を見出すことができた（表2）。

　第1因子：自己実現・公益因子

　「ボランティアの経験を深めることができた」「地域や社会のために役立つことができた」「自分自身を高めることができた」「日常生活に張り合いができた」「人の世話をすることができた」「いろんな人に出会え、知り合いが増えた」と、ボランティ活動を通して、参加動機として上げていた目的が達成できたというこ

表2　大阪マラソンにおけるボランティア活動の文化的レガシーの因子分析

	回転後の成分行列			
	1	2	3	4
ボランティアの経験を深めることができた	0.782	0.153	0.212	0.045
地域や社会のために役立つことができた	0.74	0.262	0.084	0.04
自分自身を高めることができた	0.739	0.178	0.21	0.147
日常生活に張り合いができた	0.681	0.222	0.213	0.142
人の世話をすることができた	0.666	0.2	0.02	-0.05
いろんな人に出会え知り合いが増えた	0.66	0.118	0.137	0.135
新聞やテレビなどのメディアに取り上げられてよかった	0.116	0.773	0.066	0.055
参加人数が多く規模が大きい大会でよかった	0.11	0.731	0.063	0.08
大阪マラソンのコンセプトあるいはテーマが気に入った	0.235	0.641	0.294	0.012
大阪を盛り上げることができた	0.421	0.569	0.16	0.171
思い出や記念になった	0.262	0.564	0.266	0.14
大阪マラソンの特徴であるチャリティに興味を持つようになった	0.253	0.552	0.37	0.119
有名人と会えてよかった	0.205	0.499	0.132	0.25
市民マラソンのボランティアを人に勧めたり誘ってみたい	0.308	0.393	0.389	0.292
市民マラソン以外のボランティアをしてみたくなった	0.135	0.17	0.858	0.119
スポーツ以外のボランティアをしたくなった	0.174	0.15	0.816	-0.009
市民マラソンのボランティアをもっとしたくなった	0.231	0.325	0.696	0.19
ランナーとして参加したくなった	-0.074	0.039	0.045	0.854
マラソンが好きになった	0.175	0.387	0.163	0.598
趣味や特技を活かせることができた	0.409	0.156	0.111	0.553

※因子抽出法：主成分分析　回転法：Kaiser の正規化を伴うバリマックス法

とであり、自己実現・公益因子ということができる。

　第2因子：イベント盛り上げ因子

　「新聞やテレビなどのメディアに取り上げられてよかった」「参加人数が多く規

模が大きい大会でよかった」「大阪を盛り上げることができた」「大阪マラソンの特徴であるチャリティに興味をもつようになった」と、今回の大会の盛り上げに関係した項目が上がっており、イベント盛り上げ因子と呼べる。

第3因子：ボランティア意欲因子

「市民マラソン以外のスポーツボランティアをしたくなった」「スポーツ以外のボランティアをしたくなった」「市民マラソンのボランティアをもっとしたくなった」と、これからのボランティア活動への意欲を表す項目が上がっており、ボランティア意欲因子といってもよい。

第4因子：マラソン因子

「ランナーとして参加したくなった」「マラソンが好きになった」と、マラソンに関連した項目が上がっており、マラソン因子と呼ぶことができる。

　以上のように、大阪マラソンにおけるボランティア活動の評価を規定しているのは、ボランティア参加動機と同じく自己実現と公益性である。さらに、「大阪を盛り上げることができた」とイベントが盛り上がっているかどうかが評価の対象になっていることから、ある程度、公益性を含んでいると考えられる。それらの要因によって、「市民マラソン以外のスポーツボランティアをしたくなった」と、今後もボランティア活動を継続していきたいという意欲をもったことから、ボランティア活動の広がりのきっかけ作りに大阪マラソンは寄与しているといえる。このことは、ボランティアの文化的レガシーとしてとらえることができる。

　ボランティアをしてみての文化的レガシーの内容について見てみると、「思い出や記念になった」95.9％（大会前78.9％）、「自分自身を高めることができた」83.3％（大会前77.0％）と個人的な内容があがっている一方で、「人の世話をすることができた」92.9％（大会前75.5％）と他者に対する貢献度をレガシーとしてとらえている人も多い。さらに、注目すべきは、大会前よりも飛躍的にその割合が増えた「参加人数が多い（規模が大きい）大会でよかった」95.0％（大会前45.1％）、「メディア（新聞やテレビ）で取り上げられてよかった」92.2％（大会前21.4％）といった大会に対する評価に満足したことである。これは、個人の問

題よりも、大会にボランティア活動を通して参画する、いわゆる開催者側に立った感想であり、公益性を文化的レガシーとして獲得したといえよう。しかも、「大阪を盛り上げることができた」90.6％（大会前85.1％）と高い割合で評価していることから、大阪マラソンのボランティアを体験することで、自己実現以上に公益性の文化的レガシーを獲得したといえる。

4. 大阪マラソンにおけるボランティアの公共の物語性

この写真は、第8回の大阪マラソン（2018年）での出来事である。台湾から来たランナーと香港から来たランナーが、今回参加されている最高齢の人の世話をしていて、ゴールした時に完走メダルやフィニッシャーズタオルをもらわなかったので、どうしたらいいかと聞きに来た。そこで、そのことをボランティアに伝えて、それらのグッズをもらったときのうれしそうな表情である。国境を越えて、知らないもの同士のボランティアとランナーとが繋がり、そこで一つのコミュニティができていく。普段はステークホルダーの関係で出来上がっているアソシエーションが、お互いのことを思いやれるような新しいコミュニティを形成する。つまり、ボランティア・コミュニティと呼んでもいいような社会が実現する。この経験が日常生活のなかにも浸透し、知らない人が困っている時に自然と声をかけるという行動が起き、見て見ぬふりする社会からお節介な社会へと変化していくことで、大阪マラソンのボランティアが公共性を持った文化的レガシーの物語を紡ぐことができると考えている。

この写真は、同じく第8回大阪マラソンの32キロ付近に設置されている大阪市商店会連盟がランナーに給食する「まいどエイド」というボランティア活動

で、関西大学の学生が食べ物を渡してい
るところである。このまいどエイドは、
大阪マラソンの一つの名物になっている
のだが、大阪の商店街のアピールのため
と、このエイドを楽しみしているラン
ナーのためにということで、非常に公共
性が高いと考えられる。

　このように、私的な物語が公的な物語
になっていくことが、一つの大阪マラソンのブランディングなるのではないだろ
うか。つまり、大阪らしさとか大阪のプライドだとかということも含めて、大阪
を盛り上げるためにボランティアをするという公的な物語が文化的レガシーとな
り、ローカルアイデンティティを醸成していくことが都市のブランディングにな
るのである。しかも、その文化的レガシーが日常生活を変えていくということに
繋がれば、都市における生活上の問題を解決するイベントとしてその存在意義は
高く評価されよう。こんな例がある。大阪マラソンを応援に来ていた女性が、知
らないランナーに声をかけている自分に気づき、普段の生活で知らない人に声を
かけていない自分に愕然としたという。そこで、それから彼女は普段でも知らな
い人に気軽に声をかけるようになったという。このように、大阪マラソンで得た
文化的レガシーが、都市生活を変えていくようなイベントであることがブラン
ディングすることになると考えている。

参考文献

・読売新聞社・関西大学『大阪マラソン共同調査研究』2012 年
・東京 2020 大会ボランティアホームページ（https://tokyo2020.org/jp/special/volunteer/）

＊本章は関西大学経済・政治研究所「セミナー年報 2018」147 〜 154 頁に加筆・
　修正したものである。

最近は各地でマラソン大会が開かれ、飽和気味です。そんな中、多くのランナーに選んでもらうには、大阪マラソンならではの特長を磨く必要があります。

その一つは、沿道の観客やボランティアらによるおもてなしの心。

調査の責任者 **杉本 厚夫教授**

関西大人間健康学部

「おもてなし」「心の変化」特長磨いて

（ホスピタリティー）でしょう。

今回の調査でも、国内外の多くのランナーが観客の応援やボランティアの対応に感動していました。

一般ランナーを対象に、大阪マラソンに参加したことで意識が変化したかを尋ねると、9割が「諦めない心が身についた」などと、プラスに作用するようになったことを実感していました。大阪マラソンに参加すれば、人々のホスピタリティーに触れ、

自分自身が良い方向に変わることができる。こうした面をもっとPRしていくことが大切です。

チャリティーも大阪マラソンの大きな特長ですが、今回の調査では、社会貢献という本来の意義が十分に浸透していないという結果も浮き彫りになっています。

第9回から新たに導入されるコースは、市民や商人の寄付によって造られた中之島の大阪市中央公会堂や橋、再建された大阪城など

が通過ポイントやゴールになります。それらをランナーに周知することでチャリティーの力をより実感できるのではないでしょうか。

また、寄付先団体が従来の14から32に増え、チャリティーランナーの枠も400人増の1000人となりました。チャリティーの意義を伝えていくとともに、こうした取り組みを今後も強化することが、大会の存在意義を高めていくことにつながります。

〔読売新聞 2019年3月17日 朝刊〕

市民マラソンと人
―市民マラソンに関わる人たちの群像―
①増田明美

増田明美

千葉県生まれ。私立成田高校在学中、長距離種目で次々と日本記録を樹立する。1982年にマラソンで日本最高記録を作り、1984年のロサンゼルス五輪ではメダルを期待されたが、無念の途中棄権。1992年に引退するまでの13年間で残した記録は日本最高記録12回、世界最高記録2回更新。現在はスポーツジャーナリストとして執筆活動・マラソン中継の解説に携わるほか、ナレーションなどでも活動中。（増田明美公式サイトのプロフィールより）

日本一のマラソン解説を支える取材力とメモ力

いすみ健康マラソンを走りに来て「いいな」と思う人たちは、やはり日頃一生懸命仕事をしてちょっとお疲れの人などで、里山があってきっと癒されるのではないかと思うのです。全国数あるマラソン大会の中でも「ここはこういう色がある」と特徴を出していくのがこれから残っていく市民マラソン大会になると思います。（2017年6月14日・関西大学経済・政治研究所第222回産業セミナー「スポーツと地域と人づくりと」より）

増田明美杯・いすみ健康マラソンは市民ランナーによる評価が最も高い大会の一つになった。

「いすみ健康マラソン 2018」調査

関西大学社会安全学部 4 回生・野原千里・八田千尋

　　大会当日は臨時特急が駅に停車し、駅長さんもお出迎えとお見送りをして下さる。増田さんは各車両に挨拶に回ってきてくださるなど、参加者に至れり尽くせりである。会場までの道のりには参加者を迎える横断幕が掲げられおり、いすみ市全体でランナーを歓迎してくれる。また、スターター、表彰式、ゴールでの出迎えを増田さんが全部の部門で行えるよう大会を 2 日間に分ける工夫もされている。

　　これは、増田さんが表彰式などに立ち会えるようにするためである。1 日目は小学生の部が開催される。これには、親子で大会に参加してもらおうという狙いがある。子供がマラソンを走るとなると必ず親が応援にくる。マラソン大会を開催する目的である「地元を呼びこむ」ための戦略でもある。また、コース上には、開催地が田舎で応援が少ないことから手作りのかかしが並べられている。このことが大会の大きな特徴となっている。東京マラソンや大阪マラソンなどの都市型市民マラソンの形を目指すのではなく田舎で開催されているからこそあえて田舎っぽく実施しているようだ。最後尾のランナーの後ろを走るのは、自動車ではなく、農耕トラクターである。このように、地元の人に愛される大会として地元を盛り上げながら、癒しを求めた都会からの参加者を招き入れている。

ご実家にてみかんを会場に運ぶ準備。

小学生の部、表彰式。男女別、学年ごと。
2018 年の大会から、賞状をまず親に渡し、
親から賞状を子どもに渡してもらう工夫が
なされた。

2019 年 3 月 16 日　茨木市福祉文化会館
で開催された関西大学経済・政治研究所
スポーツ・健康と地域社会研究班最後のセ
ミナーにて

増田家のみかんが 2 日目のハーフ
マラソン完走者に配られる。

増田明美さんにインタビュー
関西大学社会安全学部 4 回生・
野原千里（左）・八田千尋（右）

第4章　市民マラソンによる自己変革と組織変革
─大阪マラソン参加の事例─

亀井克之・杉本厚夫・増田明美

1.　はじめに

　研究の背景と目的：2007年2月に第1回東京マラソンが開催されたのを契機に市民マラソンがブームとなった。東京マラソン開催以降の10年間で、フルマラソン完走者数は10万3,590人（2006年度）から35万4,072人（2015年度）へと3倍に増加した。大会は続々と新規開催され、現在1500以上の大会が開催されている。結果的にマラソンが大衆化し、エリート競技以外のマラソンのテレビ中継、制限時間の緩和などが定着した。本章はこうした状況が市民ランナーにもたらした変化を明らかにする。

　研究方法：大阪マラソンの協賛企業である株式会社アドバンス・クリエイト（「保険市場」）では、社長以下およそ40人が毎年出走する。2018年大会前、出走ランナー21名にアンケート調査を行い、5名にインタビューを実施した。大会時に参与観察を行い、大会後10名に追加インタビューを行った。本章はこれら調査に基づく。

第8回大阪マラソン出走前のアドバンスクリエイトのランナー（2018年11月25日）

2. 市民ランナーの自己変革要素 ―主要質問項目―

(1) ランニングをするようになったきっかけは何か。
(2) ランニングを始めて、あなたやあなたの生活にどのような変化があったか。
(3) 大阪マラソンに参加した際の印象的な思い出は何か。

3. 走り始めた契機

3-1. リーダーの影響
　「社長に倣って」「毎日走っておられる社長の影響で、自分自身も何かを継続できる人間に変わりたいと思って」「社長自身が挑戦されていると知り自分自身も挑戦したいと思った」

3-2. 協賛企業であったこと
　「当社の社員が走ることについて話しているのを聞いて、その感覚をランナーとして感じたいと思って」「入社後、当社が大阪マラソンのスポンサーであることを知り、同期に誘ってもらってから興味を持って」「社長の英断により、当社が大阪マラソンのスポンサーになり、エントリー枠を頂いたことから」

3-3. ランナーの走る姿を見ての感動
　「ボランティアで参加した際に、ランナーの姿を見て自分も走る側に立って参加してみたいと感じた」

4. ランニングを始めた後の自己変革と組織変革

4-1. 自己変革
4-1-1. 健康面の変化
　「ランニングが習慣化した」「健康に気を配り暴飲暴食を控えるようになった」「睡眠の質が向上した」「痩せた」「生活が規則的になりストレスが少なくなった」

「体を動かすことが楽しいと感じるようになった」「明確な目標を設けることで、体を動かし、月や週で計画をたてるようになりました。体の使い方（呼吸の仕方や、筋肉の使い方）をジムで習い、実践するようになりました」「ウェアラブル端末を購入し、ランニングだけでなく日々の生活における身体状況を計測し、運動量や心拍数等を考慮するようになった」

　「ランニングを始めたと言うと周囲に驚かれることがよくありました。新しい挑戦に対して皆優しく応援していただけることが多く、人間の温かみを感じています。走るようになってボランティア側からは見えなかった辛さなどがありますが、逆にボランティアや周囲の方々がいるから頑張れるということを感じることができました」

　「走るのは疲れるという方が多いと思いますが、習慣として身につけばランニングをすることによって体調が整うようになります。ランニングによって心地よい疲労感を味わうことによって睡眠の質も高まるように感じるため、心身ともに健康になれるのがランニングだと思います」「何も考えずに走る時間がリフレッシュになります。また、定期的にランニングをすることで自分の体調の変化にも気づくことができるようになりました」「8キロほど痩せて身体が軽くなったことで、余分なエネルギー消費が減少し、思考に向ける事ができるようになり、自信にも繋がりました。今では身体を動かさなければ落ち着かない状態となっております」「ランニングを始めたら、運動への意識は大きく変わったと思います。特に社会人になってからは健康に関してほとんど意識していませんでしたが、健康を意識し少しでも体を動かし汗をかくことを心がけ、ランニング以外でも子どもと一緒に体を動かす時間が増えたと思います」

　「体調面で言うと、疲れにくくなったと感じます」「ランニングだけではなく、体を動かすことによって、体調不良にならなくなりました」「基本仕事から帰って夜間の時間に走っているため、睡眠の質が上がったと思います」「健康診断の各数値が年々改善されていくのを見ると、ランニングが健康面でも良い影響を与えていると感じます」

4-1-2. 精神面の変化

「フルマラソンを走る人は間抜けな人だと本気で思っていたが、いざ走ってみると今ではいつまでもエントリーして完走したいと思うように意識が変化した」

「日常的に逃げてしまいたくなる時でも、あと少し頑張ってみようと前向きに考えるようになった」「何事もまず挑戦してみるべきだという意識が高まったのは事実です。まだ趣味の領域には達していませんが、元々走るのが好きではなかった自分の苦手意識を克服するための訓練と捉えています」「継続することの大切さや準備の重要性についてあらためて感じるようになりました」「自分の足で色々な場所を走り、自分の目で見ることによって見聞が広まったこと。(変わった町名や建造物などを見かけたときに、後で調べたりしたことで意外な歴史のつながりや偉人が関わっていたりしたことなど)」「社会人になってから座っていることが多くなり、1日の運動量が激減したので、夜に眠れなかったり、身体が重かったりすることがあったのですが、ランニングを行うことでその悩みは改善されています。ストレス発散にもなるので気分もすっきりとします」

「最初は走ることや運動することが億劫だったのですが、習慣化するうちに体を動かすことが楽しいと感じるようになりました。また体重が軽い方が早く走れるため、食生活にも気を配るようになり、たんぱく質を多くとるように心がけています」「特に変化はないが、定期的に体を動かさないと心と身体のバランスが崩れる」

4-1-3. タイムマネジメントの変化

「ランニングから派生して、このタイミングで仕事や家事などをするという考え方が出てきた」「週末に〇キロ走ると決めることにより、週末の過ごし方にメリハリが出た」「誰にも邪魔されない時間を獲得した」「1日の中で走る時間を決めることで、時間の使い方にメリハリが付けられるようになった」

「思索することについて、普段考え事をするときに、webで検索したりExcelでシュミレートしたりしますが、アウトドアで走っている時には道具に頼れません。よって道具無しでも思索可能なように、どんな問題もどんどん因数分解して

簡素化してみると、見えなかったものが見えたり、答えが見つかったりします。私は誰にも邪魔されない貴重な時間を手に入れました」「それまでは習慣といえるようなものはなかったのですが、ランニングによって決まった時間に何かをするということが一つできました。それによって、時間に対する意識にも変化がありました。また、朝にランニングをすることで、感覚ではありますが、その日一日のメリハリが出るようになったと思っています。それ故に、走らない日には気になってしまうこともありますが、癖のようになっている感覚です。ランニングから派生して、仕事や家事等についても、このタイミングでこれをするといった考え方が出てきたようにも思います」「日常において、逃げてしまいたくなる時でも、あと少し頑張ってみようと前向きに考えられるようになったと感じます」

　「小さい子どもが 2 人いるため、家ではひとりで過ごすことがほぼありません。ランニングをしているときが、生活の中で自身と向き合う貴重な時間になっています」「ランニングを始めることで休日などもアクティブになることが多くなったと思います」

4-1-4. 仕事への影響

　「出社前に走ると、朝一番からしっかり頭が働き、2 日酔いでもアルコールはきれいに抜ける」「仕事への集中力が増し、疲労とストレスが少なくなった」「継続することの大切さや準備することの重要性について改めて感じるようになった」「当社の社名である一歩一歩切り開いて前進するという、当社の仕事に対する姿勢とまさにマッチしていると実感している」「運動中に考え事をすると案や解決策などの発想力がついてきたと思います」

　「特に変わりはありません。もともとスポーツをしていた関係もあったので変わらないということもポジティブに捉えています」「フルマラソンを経験することで、仕事中の集中力が増し、以前より疲労が少なくなったと感じます」

4-2. 組織変革

　「社員の士気が上がった」「部門の壁を越えた交流ができた」「応援やボラン

ティアも面白いと思えた」「プロモーションの費用対効果に関わらず、出走、ボランティア、応援、出展、どの分野においても、参加することで社内に対する効果は絶大であり、素晴らしい取り組みだと感じる」「年々仕事とは別での社内の一体感を感じ、会社を通してその輪が大阪マラソンに関わる人たちに広がっていくのを感じる」

5. 大阪マラソンを実際走っての印象的体験

　「初めて参加した際に、社長の後ろを走り、社長が足の痙攣から何度も倒れながらも走り続け完走されるのを見たとき、人生に例えられるマラソンの真髄を直接見る体験だと感じた」「大阪についての理解が深まった」「沿道の応援を見て、沿道からの声援が大阪らしいなと感じて、より大阪が好きになった」「フルマラソンは自分の力だけでは完走できず、沿道からの声援やボランティアの方々によるサポートが非常に力となることを痛感した」「苦しい時に走っている同僚と並んで励ましあいながら完走できた」

社長が粘り強く走り続ける姿は社員に感動を与える

6.　初マラソンとして 2018 年第 8 回大阪マラソンを走った
ランナーにおける自己変革的発言

「何でもできるんだなと感じた」「しんどかったが、他には代えられない達成感を感じた」「チームスポーツばかりしてきたので新鮮だった」「応援の力が支えて下さっていたんだなと気づいたように、普段は見えないものが見えた」「自分で限界を作っていて、できるなんて思っていなかったことでも、やってみれば枠を越えて実現できるということがわかった」「本当に長い距離を走り続けるわけだが、続けていないとわからないことがあり、続けているからこそ変化に気づくんだということがわかった」「その後、毎日同じ仕事をしていても、ちょっとした変化に楽しみ、一見同じことでも、その中に違うものをさがすことができるようになった」「飽き性だったが、ささいなことに楽しみを覚えるようになった」

おわりに

　本事例研究から近年の市民マラソン・ブームが市民ランナーの健康状態、精神状態、時間管理や、所属組織に対する意識において、変革をもたらしていることが確認できた。

　健康経営が叫ばれる昨今、社員 40 名といっしょに社長自らフルマラソンを走る株式会社アドバンスクリエイトの取り組みは、究極の健康経営と言えるだろう。

参考文献

亀井克之・増田明美・杉本厚夫・西山哲郎・尾久裕紀『市民マラソンがスポーツ文化を変えた』2017 年，関西大学出版部；杉本厚夫「おわりに－ロンドンマラソンを目指して－」読売新聞・関西大学『第 7 回大阪マラソン共同調査研究』2018 年、pp.79-82，http://www.kansai-u.ac.jp/marathon/pdf/research_2017.pdf

謝辞　アンケートとインタビューに応じて下さったランナーの皆様に感謝の意を表す。

＊本章は 2019 年 3 月 9 日・10 日に福岡大学で開催された日本スポーツ社会学会第 28 回大会における研究報告に加筆修整したものである。

コラム 走り始めて自分はこう変わった 「BOM 大阪魂」ランナーの場合

マラソンを始めて私はどう変わったか。

「仕事がスムーズにできるようになった。それはなぜか。計画的にものごとを進めるようになったから」（中岡正憲さん）

「人の苦しみがわかるようになった」（矢部実透（みとる）さん）

「普段の悩み事とかは、しょうもないことだと思えるようになった」（今北洋信さん）

「かけがえのない、目標に向かった人たちと出会えた」（馬場克二さん）

「走り始めて、多くの人のつながりができました。それはかけがえがなくて。走れるおじいちゃんを目指して、健康長寿を目指したいと思えるようになりました」（田仲宏さん）

「この歳になって新しいことに挑戦できるということがわかりました」（柴田英典さん）

「走り始めてからものすごく涙もろくなりました。走り切った時の感動とか、沿道で全く知らない人が応援してくれるとか、人の温かさを知ることができるようになって。飛ばしているときも泣いてしまうことがある。生きていることって楽しいことだなってマラソンを始めて改めて思えるようになった」（高野如代（なおよ）さん）

「マラソンを始めたらやせるかなと思ったら、走れるデブになりました。それはさておき、マラソンは、沿道で暮らす人の協力で成り立つ。その場を用意して下さる全ての人に感謝する。そうしたことを教えてくれる、素晴らしい仲間に出会うことができました。そして、足が痛い、もう動けない。でも、もう一歩。あと一歩、進もう。悲しいこと、辛いことがあっても、立ち直ろう。と、気持ちを強く持てるようになりました。」（矢部小百合さん）

「冷え性改善、前向き性格に変化」（西出美穂さん）

増田明美さんと「BOM 大阪魂」のメンバー（関西大学経済・政治研究所公開セミナー：「2025 大阪・関西万博に向けて地域社会と健康を考える」2019 年 3 月 16 日　茨木市福祉文化会館にて）

第５章　市民ランナーとトップランナーの交流に学ぶ

吉　田　香　織

協力　白方健一・Ｍ高史・大地　穂・打越忠夫

あんしん財団・大妻女子大学「ＡＭＡＲＯＫ経営者健康あんしんアクション」講演会
関西大学　経済・政治研究所　スポーツ・健康と地域社会研究班（ＳＨＣ研究班）2018年度 第6回 公開セミナー

【日　時】**2018年7月31日（火）** 第一部 14:00～15:20
　　　　　　　　　　　　　　　　　第二部 15:30～17:00

【会　場】**関西大学東京センター大教室**（入場の際にサピアタワー3Fで受付必要）
〒100-0005東京都千代田区丸の内1-7-12　サピアタワー9F　TEL：03-3211-1670

第一部　14:00～15:20
（＊第一部の内容に基づくプレス・カンファレンスを13:30より実施します）
あんしん財団・大妻女子大学「ＡＭＡＲＯＫ経営者健康あんしんアクション」
「南フランス発　健康経営の新たな視点　・日仏比較研究に学ぶ
オーナー経営者・個人事業主の健康」

尾久裕紀　「ＡＭＡＲＯＫ経営者健康あんしんアクション」代表研究者
　　　　　関西大学　経済・政治研究所　委嘱研究員
　　　　　大妻女子大学　人間関係学部教授　　精神科医　　成城町診療所　院長

亀井克之　関西大学　経済・政治研究所　スポーツ・健康と地域社会研究班主幹
総合司会　　社会安全学部　教授

第二部　15:30～17:00　トーク・セッション
トップランナーと市民との交流に学ぶ「健康」

コーディネーター
吉田香織　関西大学　経済・政治研究所　非常勤研究員
アスリートサポート協会理事　マラソンランナー　TEAM RxL所属「市民ランナーの星」

ゲスト
Ｍ高史　ものまねアスリート芸人　　「川内優輝選手のそっくりさん」
市民マラソンや市民の健康に関するさまざまなイベントで活躍中

白方健一　Top Gear インターナショナル合同会社　代表ヘッドコーチ
あらゆるランナーへライフスタイルにフィットしたオリジナルメソッド提案
著書『おとなの自由時間　あきらめないランニング』（2016年　技術評論社）他

聴講無料
事前申込要

【お申し込み先】
関西大学　研究所事務グループ
〒564-8680大阪府吹田市山手町3-3-35
TEL 06-6368-1179 ／ FAX 06-6339-7721
mail：keiseiken@ml.kandai.jp
http://www.kansai-u.ac.jp/Keiseiken/
当日参加も可能です。3Fで手続必要。
参加ご希望の方は、件名に「7/31セミナー希望」と
明記の上、　FAX又はE-mailでお申込ください。

後援：在日フランス大使館/アンスティチュ・フランセ日本

はじめに

　本章は 2018 年 7 月 31 日に関西大学東京センターで開催した関西大学経済・政治研究所公開セミナー第 2 部「トップランナーと市民との交流に学ぶ「健康」」の内容に基づく。

1. 活動紹介・吉田香織

吉田香織：吉田香織と申します。私は埼玉県立川越女子高校というところを2000 年に卒業しまして、積水化学、小出義雄監督のいる実業団に 2000 年に入社しまして、それから資生堂に移籍しました。7 年間、実業団で走っていました。駅伝を中心に、フルマラソンは実業団を辞める 2006 年の北海道マラソンを走るまでは走れなかったですが、駅伝を中心に走っていました。

　何で走れなかったのかというところなんですけれども、小出義雄監督のポリシーで、25 歳になるまではフルマラソンは走らせないというポリシーを持っておりました。というのも、やっぱり女子選手というのは意外に 25 歳ぐらいまでは体が成長し続けるので、あんまり早く競技を行うことによって、選手生命が短くなってしまうというところで、25 歳までは我慢しろと言われて、駅伝をやっ

46

ておりました。実際は小出監督の下、積水化学がいったん解散してしまったの
で、資生堂に移籍してしまって、所属は変わったんですけれども、そのポリシー
を受け継いでというか、しっかり守って、25 歳で初めて北海道マラソンを走り
ました。

　自分は結構、フルマラソンに向いているんじゃないかといい意味で勘違いしま
して、資生堂ランニングクラブの監督と先輩 3 人とスピンアウトして、セカンド
ウィンド AC という市民ランニングクラブを立ち上げました。それが 2007 年な
んですけれども、立ち上げました。その後もアミノバイタル AC、プーマランニ
ングクラブ、それから Runners Pulse、そして現在、TEAM R × L。靴下メー
カーなんですけれども、R × L ソックスという。そちらの市民ランニングクラ
ブのほうに所属しながら、市民ランナースタイルとして、トップアスリートを続
けております。最近は競技を続けながらも、ゲストランナーによく呼んでいただ
けるようになりまして、走る姿を見ていただいたりとか、あと表彰をお手伝いさ
せてもらったりなんかしながら、競技を続けています。

　それから、JFA という日本サッカー協会のほうがいろいろまとめております
「こころのプロジェクト」という、「夢先生」という、子どもたちにスポーツ選手
が夢を持つことの素晴らしさとか、挫折をしたときにどうやってはい上がったか
というようなお話をさせてもらうというプロジェクトの講師として、名前を連
ねさせていただいております。ラジオ DJ 的なものもさせていただいたりしまし
て、幅広くマラソンの普及活動をしているというところです。

　現在、一般社団法人アスリートサポート協会というものを立ち上げております
す。今、指導を受けております打越忠夫コーチと立ち上げました。

　結構、中小企業の経営者の方々にもランナーがたくさんいらっしゃいます。東
京オリンピックに向けて、何らかの形で関わりたい。だけど、実業団を持つとい
うと億単位でお金が必要なので、そういったことはちょっと難しい。けれども、
選手 1 人ぐらいを抱えることはできるんじゃないかという経営者の方が多いので
す。

　私や打越コーチは、選手から上がって、実業団を引退したけれども、まだ走り

続けたい、もしくは実業団に所属しているけれども、この環境じゃないところでやりたいという選手との出会いが多いのです。実際に私は 2016 年、埼玉国際マラソンで日本人トップを取りまして、リオデジャネイロオリンピックの選考対象になったときというのは創芸社という出版社に勤めていました。普通に OL をしながら、社長がランナーということで、試合前になると多少の勤務時間の優遇はあったんですけれども、働きながら、それでもトップで走り続けられるというのを実際に自分で経験しました。

　というのも、長距離ランナーは１日中走っているわけじゃないんですね。１日当たり３時間程度あると十分マラソンのトレーニングができるくらいの練習なんです。実際に学生スポーツなんかも見ているとわかるかと思うんですけれども、短距離ランナーのほうが練習時間が長いです。実際にドリル、動きづくりドリルをやったり、スタートの練習をしたり、細かい部分での調整が必要なので、時間が長いんですけれども、長距離ランナーというのは意外に３時間程度の練習でどうにかなるので。

　私もそういった経験で、中小企業にいながらもトップランナーでできるんじゃないかという経験もありまして、谷川真理さんとそういった話をしたときに、ぜひ、じゃあ、中小企業の経営者と実業団じゃない選手たちのマッチングをさせられるような事業をしたいよねと。実業団のセカンドステージとしてできる環境整備をしていけたらいいよねというところで、アスリートサポート協会というものを立ち上げました。

　実際はセカンドキャリアとして中小企業に実際に就職した場合に、商品 PR イベントとか、福利厚生とか、健康保険組合のランニングイベントですよね。健康づくりイベントができると、中小企業での何か役割的にはすごく人材として使いやすい人間になるんじゃないかなというところで、実際に人材育成として、都内のあちらこちらで、月２回程度なんですけれども、アスリートサポート協会ではイベントをさせていただいています。そこのイベントで実際に勉強してもらって、企業に就職した場合にそういった何か PR イベントとかができるような形で入ってもらえるといいかなというところで、現在、市民ランナーイベントも都内

で開催させてもらっています。

　そういったところで、ちょっとトップランナーとしては異例なんですけれど
も、プロランナーでもなく、市民ランナーでもなく、いや、両方なのかな（笑）。
ちょっと分からないですけれども、新しい形でのランナースタイルで活動してお
ります。

2.　活動紹介・白方健一

吉田：今、お話しさせていただきましたアスリートサポート協会の理事なんです
けれども、Top Gear インターナショナル合同会社代表の白方健一さんにお願い
しまして、現在、アスリートサポート協会の理事をしていただいています。私
が 2015 年、埼玉国際マラソンで日本人トップを取ったときから練習パートナー
として、打越忠夫コーチがメニューを立てて、一緒に練習は、実際に白方さんに
引っ張ってもらってやっているという形で、いろいろサポートしていただいてい
ます。

白方：白方健一と申します。今日は名前に健康の「健」が入っていますので、非
常にテーマとも即しておりまして。私もこちらに書いてある Top Gear という会
社を経営しているんですけれども、中小企業の経営者でございますので、第一部
（「南フランス発　健康経営の新たな視点・日仏比較研究に学ぶオーナー経営者・
個人事業主の健康」）はすごく勉強になりました。

　何をしているかと言うと、市民ランナー事業という形で、私もランナー歴と
しては 25 年ほど走っているんですけれども、きっかけ付けの大会とか、ランニ
ングクリニックといわれるようなランニングの入門編のレッスンとか、あとは
Top Gear、自分のクラブチームを持っていますので、そこで続ける部分ですね。
きっかけづくりができて、次には続ける場を提供しています。また別の活動とし
ては、アスリートのサポートをしながら、その魅力を伝えたりとか、そういった
ノウハウも、市民ランナーができるバージョンでトップ選手がやっていることを

体験していただいたりとか、見る魅力を伝えたりとか。

　その他に、今、1,000万人ぐらいランニング人口がいるといわれていますけれども、週に1回やる人で400万人ぐらいですか、というところで、ランニングコーチも、実は私のようなランニングのコーチで飯を食っているという人間は絶滅危惧種ぐらいという感じでして、なかなか「ランニングコーチです」と言っても「どういう仕事なんですか」と聞かれてしまうんですけれども。というところで、ランニングコーチの養成の講座をさせていただいたりとか。

　先ほどの健康経営の話じゃないですけれども、結構、この近くが多いですね。丸の内界隈の会社さんに結構、声を掛けていただきまして、健康経営セミナーという形で、今、僕らのコーチの中でドクターのランナーで100キロマラソンの世界大会に出ているコーチがいるんですけれども、そういったコーチからのアドバイスだったりとか、われわれからランニングフォームのアドバイスをさせていただいたりとか、運動のきっかけづくりでノルディックウオーキングからスタートしたりとか、そんなウオーキングからランニングのジャンルを幅広く扱わせていただいております。

　そうですね。あとはそういったブランドの訴求とか、こういった本を出させていただいて、吉田香織選手もここに載っているんですけれども『あきらめないランニング』という本を出させていただいたりしていますね。

　あと、筑波大学の大学院で、2017年に修了したんですけれども、テーマとしてはプロランナーについてです。マラソンをやる選手の環境の可能性を広げていくという意味合いで、実業団の枠にとらわれなくてもやれる可能性があるんじゃないか。もしくは今、市民ランナーが、先ほど言ったように、1,000万人、400〜500万人いるよという中で、市民ランナーが応援するアスリートという形も取れるんじゃないかということを現場にいながら模索していたものですから、そこの可能性ですね。客観的、科学的な見地として、評価して、今後のアプローチというものを模索して、それを形にしたものを修士論文として出させていただきました。

　なので、今後の活動としては、アスリートサポート協会でやっているようなこ

とがまさしくフィットしていますし、マラソンランナーのキャリア支援とか、セカンドキャリア支援というのも、今後、さらにやっていきたいというふうに考えております。

3.　活動紹介〜ジャパササイズ・M 高史

吉田：M 高史君も、実はすごく長い付き合いなんです。

M 高史：そうですね。僕がお笑い芸人になりたての頃、ちょうどバイトを探していて、アルバイト先の上司ですよね。

吉田：そうですね。従業員をしていました。

M 高史：某ハイテクスポーツジムでバイトをさせていただきまして、そのとき以来の。本当にありがとうございます。

吉田：ありがとうございます。

M 高史：川内優輝選手がプロ宣言をされましたけれども、川内優輝選手のそっくりさんをさせていただいております、ものまねアスリート芸人の M 高史と申します。よろしくお願いいたします。

　川内さんに顔が似ているというミラクルもあったんですが、実は僕もずっと陸上をやっていたというかなりミラクルなことが起きておりまして、中学、高校、大学と陸上部で長距離をやっておりました。大学では駒澤大学のほうで駅伝のマネジャーをしていました。箱根が走りたくて、駒澤に入ったんですけれども、一般入試で入って、当時、箱根を連覇しているときでしたので、やっぱりスポーツ推薦の選手に全く歯が立たず、大学 2 年生に上がるときにはもう既に、名将、大八木監督から「マネジャーをやってくれないか」と言われてしまいまして、2 年

生に上がったときにマネジャーになりまして、3年生、4年生のときは駅伝の主務というチーフマネジャーを務めさせていただきました。なので、箱根は選手としては走れなかったんですけれども、主務のいいところは、監督と一緒に選手のすぐ後ろに運営管理車という車がありますね。そこに乗ることができまして。なので、箱根は車で2年間、全部、走りました。そんな学生時代を過ごさせていただきました。本当に大八木監督は熱くて厳しい方なんですけれども、本当に情熱を込めてたたき込まれまして、社会人になったとき、何て世の中、楽なんだと思った、そんな学生時代を過ごしました。

卒業してからは、いったん陸上から離れたというか、僕自身はマネジャーが終わってからも走っていたんですけれども、知的障害者の方の施設の職員を約5年近くやっておりました。大学が福祉専攻だったこともあったんですけれども、そこで知的障害者の方の生活支援ですね。入浴、食事、排せつ、もろもろ生活の介護、介助をする仕事をしていたんですけれども、そこで、知的障害者の方で、自閉症の方でピアノが弾ける人がいました。ただ、その方は楽譜が読めないんですね。耳で聞いた音をそのまま自分流に弾くという、そういう何か天才的な方にお会いしました。

その人は自分のお部屋でジャンジャカジャンジャカ弾いていて、これはもったいないなと思って、たまたま僕も大学を卒業して、もう羽が生えたように、いろいろ始めて、ボイトレをやったり、ウクレレとかギターを始めていたので、そこでちょっとバンドを組みたいなと思って、音楽が得意な職員、利用者さんを集めてバンドを組みまして。そして、施設の中だけでやっていてももったいないなと思って、いろんな他の施設とか、保育園とか、学校とかに訪問演奏に行くようになりました。それが年々、すごくリクエストといいますか、「うちにも来てください」「もう一回、来てください」というリクエストを頂きまして、だんだんエンターテインメントの血が騒ぎ始めました。2011年、ちょうど震災があった年に、やっぱり人生1回きりですし、悔いなくチャレンジしたいなと思って、ものまねの道に飛び込みました。

ものまね芸人になったときは、当時、僕はまだ川内さんのまねをしていなく

て、いろんな歌手の方のものまね。例えば平井堅さんとか。

　新宿にあります「そっくり館キサラ」というものまねのショーパブとか、全国各地のものまねのショーパブとか、先輩の前座とかを2011年12月から始めさせていただいて。

　ただ、やっぱりものまね芸人というのは、コロッケさんをはじめ、本当に先輩方、素晴らしい方ばっかりで。ランナーと違って、ランナーは引退するじゃないですか。けど、ものまねの人はなかなか引退しないので、むしろ10年20年でさらに熟練されていくので。ランナーだと、10年20年なんていうと引退していくじゃないですか。上が居続けるという、そういう世界で、ここで生き残っていくのは至難の業だなと思いまして。

　そして、バイトしていた先輩たちから「川内君に似てんじゃん」みたいな感じで始まりました。本当に吉田香織さん、ありがとうございます。

吉田：とんでもないです。最初、すごく嫌がっていたんです。「そんな、川内選手を尊敬しているので、ものまねするなんて、もうとんでもない。失礼だと思います」と言って、拒否していました。

M高史：本当に恩人でございます。そんな川内さんのものまねを始めてから、マラソンのゲストランナーの仕事が約300倍ぐらいになりまして、本当にたくさんのところに呼んでいただいて。東京マラソンの、今、スポーツレガシーのアンバサダーをさせていただいたり、かすみがうらマラソン兼国際盲人マラソンのアンバサダーをさせていただいたり、いろいろアンバサダーがいっぱい付いておりますので、ぜひブログでチェックしていただけるとうれしいです。

　その後、他にも資格をいっぱい取りまして、今でもいろんな学校とか、保育園とか、施設とかに伺っているんですけれども、施設にこの格好で行ったりするのに、やっぱりただ「元気があります」だけでは、ちょっと施設の職員さんも「うん？」と思ってしまうので、そういうときに民間の資格とかをたくさん取りまして、いろいろ勉強したものと実践的なエンターテインメント、あるいは参加型の

エンターテインメント、インタラクティブなエンターテインメントで伺っていますという。そうすると、結構「ああ、じゃあ、ぜひ」となって、するケースもあったりしますので、いろんな資格を取りました。特に障がい者スポーツ指導員とか、あと介護予防指導員、認知症予防脳トレ士、あとは子ども向けのリトミックとか、かけっこアドバイザーとか、僕も資格ホルダーでいろいろ持っているんですけれども、ただ楽しいだけじゃなくて、せっかく人生を刻一刻と時間が過ぎ去っていく中で、やっぱり大事な、もう二度と戻ってこない大事な時間を有意義なものにしたいと思って、ただ「楽しかった」で終わるんではなくて、「心も体も元気に健康に」というのがモットーで、今、マラソン大会や施設、保育園、学校巡りをさせていただいております。本日はよろしくお願いいたします。（拍手）

では、僕がつくっている体操がありまして、ものまね体操という体操なんですけれども、それをつくったきっかけを少しだけお話しさせていただきます。

今、僕はNPO法人の「アトリエ言の葉」という障害者の方の地域活動支援センターの、なぜか理事長もさせていただいているんですけれども、そこで軽度な知的障害者の方が絵を描いて、それを作品にして、それを販売したり、展示したりという、そういう作業所なんですけれども、そこの利用者さんが日頃、運動不足だと。運動も嫌いだと。面倒くさいと。

そこで他の職員さんから「何か楽しいことをしてよ」と言われて「運動させてよ」みたいに言われて、「じゃあ、皆さん、平井堅さんのまねをしましょう」と言って。平井堅さんはこうやって、こう歌いますよね。「大きなのっぽの古時計」と歌うんですけれども、そのときに、これは僧帽筋が伸びているな、みたいな。ちょっと皆さま、少しお手数ですが、平井堅さんをイメージしていただいて、ぐーっと手を上げたり、下ろしたり、もう一回、上げたり、指の先まで伸ばします。下ろします。反対も、ぐっと息も止めずに行きます。息を吸って、吐きます。下ろします。伸ばして、下ろします。それだけでちょっと血流が良く、肩の周りがじっくりあったかいです。

これをやったら、運動が嫌いと言っていた障害者の方が喜んでやってくださいまして、じゃあ、いろんな有名人とかアスリートの動きをものまねして体操にし

たら、皆さん、やってくれるんじゃないかなと思って、いろんな著名人の動きを
ものまねにしたところ、すごく喜んでやってくださいました。

　ただ、これはいろんなマラソン大会や学校でやっていて、おかげさまでご好評
を頂いていたんですけれども、ある日、国際交流イベントでやらせていただきま
した。外国の方がたくさん来ています。そこで、平井堅さんのものまねを始めた
んですけれども、「Who is Hirai Ken?」と言われてしまって。平井堅さんはアジ
アでは大人気なんですけれども、ドイツ人、フランス人からは全然「誰？」みた
いな感じになっちゃったので、これは外国の方でも分かるものをつくりたいと思
いまして、このジャパササイズですね。日本のいろんな、もう The 日本という
イメージのものを体操にしたエクササイズ。こちらをつくったところ、おかげさ
までご好評いただいて、何とつくってすぐスペインのテレビ局から取材いただい
たりとかして、スペイン人の芸人さんと一緒にこの体操をやったりとか。先日も
香港のスポーツ雑誌にインタビューしていただいたり、結構、海外の方にもなぜ
か注目していただいて。施設でも結構、皆さまからご好評いただいている体操で
す。

　ジャパササイズという体操で、今、9 カ国語に翻訳して、YouTube でもアッ
プしております。音楽は出ますか。ちょっとテストしますね。出ますね。歌があ
りますので、もし良かったら、一緒に口ずさんで、体操をしていただけるとうれ
しいです。では、皆さま、よろしくお願いします。

　レッツ、ジャパササイズ。

〈体操開始〉

M高史：では、参りましょう。せーの。ジャパササイズ、ジャパササイズ、ジャパニーズエクササイズ、ジャパサ……。ご一緒に、はい。

　ジャパササイズ、ジャパササイズ、at first、侍、エクササイズ。はい。侍、侍、侍。大きく行きます。はい、侍、侍、侍。肩甲骨。

　はい、ジャパササイズ、ジャパササイズ、ネクスト、忍者、エクササイズ。腹斜筋ですよ。はい。忍者、忍者、忍者。反対も。はい、忍者、忍者。しっかり腹斜筋を使います。忍者。

　はい、ジャパササイズ、ジャパササイズ、ネクスト、相撲、エクササイズ。お相撲です。はい、相撲、相撲、相撲、相撲。股関節のストレッチ。相撲、相撲。スカートの人、ごめんなさいね。

　はい、ジャパササイズ、ジャパササイズ、ネクスト、芸者、エクササイズ。ひねります。はい、芸者、芸者、芸者、芸者、芸者、芸者、芸者。

　はい、ジャパササイズ、ジャパササイズ、ネクスト、歌舞伎、エクササイズ。ジャンプします。はい、歌舞伎、歌舞伎。はい、胸鎖乳突筋。はい、歌舞伎、はい、歌舞伎、歌舞伎。

　はい、ジャパササイズ、ジャパササイズ、ネクスト、すし、エクササイズ。おすしをつくります。はい、すし、すし、すし、すし。反対も。すし、すし、すし、すし。

　はい、ジャパササイズ、ジャパササイズ、ネクスト、焼きそば。おそばをつくります。はい、焼きそば、焼きそば。大きく肩甲骨を使いましょう。焼きそば、焼きそば、焼きそば、焼きそば。

　ジャパササイズ、ジャパササイズ、ネクスト、マウント富士、エクササイズ。はい、富士、富士、富士、富士、富士、富士、富士、富士。

　はい、ジャパササイズ……。もうちょっとです。ジャパササイズ、ネクスト、新幹線、エクササイズ。はい、新幹線、新幹線、新幹線、新幹線、新幹線、新幹線、新幹線、新幹線。

　ジャパササイズ、ジャパササイズ、ラスト、柔道、エクササイズ。股関節のス

トレッチ。柔道、柔道、柔道。はい、柔道、柔道、柔道。

　はい、ジャパササイズ、ジャパササイズ、ジャパニーズエクササイズ、ジャパササイズ。チャンチャチャ、チャンチャチャ、チャンチャチャチャン。サンキュー。（拍手）

〈体操終了〉

M高史：皆さま、ありがとうございます。全部で3分間の動的ストレッチでした。ありがとうございます。

吉田：息が（笑）。結構きついですね。

M高史：結構上がりました。歌いながらやるとね。学校の体育の授業でやらせていただいたりとか、あとは障害者の方のイベント、特別支援学校とかのイベントで、300人ぐらいで一緒にやると、まあ、パワーがすごいですね。あとは海外の方の前で一緒にやらせていただいたりとか。高齢者の方の施設では、テンポを、こんな倍にゆっくりやって、このぐらいでやっています。じゃないと、おじいちゃん、おばあちゃんがびっくりしちゃうので。というジャパササイズでした。ありがとうございます。（拍手）

4.　大学駅伝・実業団・SNS

吉田：今日のテーマなんですけれども、「トップランナーと市民との交流に学ぶ『健康』」というところで話を進めさせていただきます。

　私はマラソンランナーを現役でやっています。白方健一さんのほうは市民ランナー事業のほうで、いろいろプロフェッショナルに動いていらっしゃるという立ち位置で。エンターテインメントから、その他、市民ランナー事業も見ているM高史君というところで、3人でお話をさせていただきたいと思います。

M高史：はい、よろしくお願いします。

吉田：M高史君が最近、大学の何か女子駅伝部に行って、女の子と一緒に走っているという？（笑）

M高史：今、ちょうど大学生のスポーツ、大学駅伝にちょっと注目していまして、大学駅伝といえば箱根駅伝、男子のほうはすごく有名なんですけれども、大学女子駅伝があるのは知っているんですけれども、自分も学生時代、本気で、駒澤で、体育会系でやっていたのに、あんまり関わりがなかったんですよね。それで、今、男子の取材もずっと伺っているんですけれども、それと並行して、ちょっと大学女子駅伝のほうもちょっと注目してみたら、実はすごく面白いんじゃないかと思って、今年から、伺っています。

吉田：かなり今は大学女子駅伝のほうも盛り上がってはきているんですけれども、私は高校を卒業して、そのまま実業団に行ったんですね。というのも、当時、やっぱり大学の女子はすごくレベルが低かったんですよ。大体、大学に行くと、みんな、競技レベルが落ちてしまうというところで、強豪校ではなかったので、しっかりもまれるようなレベルの高いところでやりたいなというところで、実業団に行ったんですけれども、やっぱり今は、でも、女子駅伝部のほうも相当、学校PRという意味でも始めていて、新しく女子駅伝部もできてきていますね。

M高史：今年、強化し始めたのは亜細亜大学で、ちょうど友人が亜細亜大学で今、監督を、女子の監督に就任して、それがきっかけで取材を始めたんですけれども、結構、やっぱり多いですね。男子で今から箱根を目指すとなると、相当大変なんですけれども。

吉田：ちょっと難しいですよね。

M高史：女子のほうが全日本への道が近いということで、比較的、大学が女子

のほうの駅伝を強化しているという流れは多いですかね。

吉田：そうですね。大東文化なんかも女子駅伝部を始めた途端に、もはや全国1位ぐらいの感じですもんね。

M高史：大東は強いですね。

吉田：どうですか。実際に訪問してみて、最近の学生スポーツというところの在り方なんですけれども、何かどうですか。自分たちが学生の頃と比べて、どういったところが変わってきたとか、感じるところはあります？

M高史：まずは、やっぱりみんな、もちろんスマホを持っているので、SNSは大きく違うところだなというのは感じますよね。やっぱり僕らの頃はなかったですし、あとは選手がやっぱりおしゃれというか、何かイメージですけれども、自分が学生のとき、あるいは高校生のときとかは、女子の駅伝強豪校は何か角刈りとかじゃないですけれども。

吉田：そうですね（笑）。M君より短い髪型をしていますからね。

M高史：そうそう。本当に角刈りみたいな。

白方：みんな、同じ髪型で。

M高史：そう。みんな、同じ髪型で、もう門限が8時とか7時とか、そのぐらいで。

吉田：そうですね。

M 高史：本当にそういう規律正しい。規律正し過ぎる生活をしていたのが、今は割と練習のオンとオフ、それがやはり各指導者の方にもインタビューさせていただくんですけれども、やっぱりメリハリをつけないと、今の大学生の世代の子たちはやっぱりモチベーションが続かなかったりとか、というのはお話しされていましたね。

吉田：なるほど。それは、SNS で自分を PR、発信したい。今現在のこういう活動をしているよ、とかいうのを発信したいということもあるだろうし、選手同士の情報交換とか、そういった部分でもやっぱり SNS は変わってきてはいますよね。

白方：そうですね。そういうものを活用していくところの表現ですよね。

吉田：でも、何かそれは、私としては、実業団なんかでも、今、結構、問題になっているんですけれども、情報社会になり過ぎちゃって、よそのチームの情報が入り過ぎちゃうというところで、昔はやっぱり情報を発信しないように、わざわざ山奥にこもって、他のチームに練習メニューを見せないように、練習している調子なんかも、調子の良しあしも見せないようにというところで、わざわざ山奥に行って、合宿してやっていた。それが今では Facebook で、よそのチームの情報も全部入ってきちゃうし。

M 高史：確かに。

吉田：そう。そこが本当にメリット、デメリット、両方あるかなというところで、難しいなと思って見ているんですけれども。

M 高史：チームで SNS を使っているチームがかなり多いので、そこら辺の使い方ですよね。チームとして明るさを出したり、やっぱり特に今の中高生とか小学

生もかもしれないですけれども、大学で競技をやりたいという選手はもちろん、その親御さんが既にもうすごく SNS を駆使しているので、親御さんとかにもそういう、SNS の発信というのがすごく伝わってきますよね。

吉田：なるほどね。何か昔よりもどんどん学生のレベルも上がっていて、実際に 5,000 メートルの記録なんかも、男子も女子も、私たちのときよりもはるかにいい記録を出している。なんですけれども、そこはやっぱり情報が得られやすくなってきて、昔ならそこまで練習メニューが組めないような経験のない指導者も、結構、今は指導できるようになってきているという部分……。

白方：そうですね。情報がもう、市民ランナーの方もそうですけれども、ものすごく知っているじゃないですか。

M 高史：確かに。

白方：ただ、それを実行するというところの難しさもあるとは思うんですけれどもというところの、選手のほうが情報があるから、指導者も困るとか。

吉田：そうですね。あると思いますよね。そうそう。やっぱり指導者勢のちょっと悩みどころは SNS なのかな。うまく使っているところもあるかとは思いますけれどもね。

M 高史：そうですね。チームによっては禁止というところもありまして、もう SNS のアカウントを持つのは駄目というチームがあったりしまして。かと思えば、自由にやっているところもあるんですけれども、やっぱりその使い方次第では炎上してしまったりとか。
　とはいえ、やっぱりこれからの時代、自ら発信していくセカンドクリエーターがいっぱい増えていく時代の中で、SNS の使い方というのは、やっぱりそうい

うのも含めた指導かなと。競技を教えられる指導者なんて、たくさんいるんです
けれども、そういう部分というのは教えられる人は少ないので。

吉田：そうですね。そこは課題ですね。実際、大学女子駅伝部を訪問して、M
高史君、すごく発信しているんですよね。「ここの大学はこういった感じで、
今、活動しています」「こういった感じのレベルで競技をしています」「こういっ
た練習メニューをやっています」と。すごくそういう活動がファンをつくるとい
うところとつながっていると思うんですね。

　実際に実業団なんかもどんどん昔とは違って。昔は競技をやって、競技で成績
を残せればオーケーというところから、最近は社員向けとか地域向けにランニ
ングクリニックをやったりとかして、ファンクラブづくりというところをどんど
ん、力を入れてやっているなと感じるんですよ。

　そういった部分の何かファンクラブづくりは、またここは新しいキーワードだ
と思うんですけれども、白方さん、何か最近は？

白方：そうですね。実際、ファンをつくっていくということがすごく大事で、そ
の部分が満たされているかどうかというのは一つの価値の基準ですよね。アス
リートの価値をどういうふうに還元していますかという一つの方法が共通のラン
ニングというものを使って発信していくということが挙げられると思うんですよ
ね。実際にやっているチームとまだやっていないチームがあるんじゃないかなと
いうところですよね。

吉田：ありますよね。天満屋さんなんか、例えば桃太郎夢クラブなんていう市民
ランニングチームをつくって地域貢献でやっていたりとか、資生堂ランニングク
ラブは私も所属していたんですけれども、社員向けに健康事業イベントで選手た
ちがランニングを教えるとか。

　あとは今、最近では、面白いなと思って見ているんですけれども、第一生命の
陸上部なんですね。引退した選手を使って、各地のマラソン大会のエキスポのほ

うでフォームチェックをしてくれたりとか、PR イベントをやっているなというところで、面白いと思って見ているんですけれども、どんどんそういうやっぱりファンクラブづくり、それから地域貢献とか、そういう部分はどんどんこれから進んでいくのかなと思いますけれども。

M 高史：確かに、直接会うという魅力というか。

吉田：なるほどね。

M 高史：SNS がこれだけ発達して、もう別に会っていなくても会議もできちゃうような時代の中で、直でお会いして、握手したり、じかに言われることのうれしさというか。例えば何か直筆で手紙をもらうだけでも、すごく今うれしいじゃないですか。なので、直接とか。この便利な時代だからこそ、そういうアナログ的な、じかで触れ合うことが。

吉田：「サインください」とかできますもんね。なるほど。そういう何か新しいところも見ていきたいなとこれからも思いますが。
　実際にマラソン競技という世界がもちろんあるんですけれども、大きく見るとスポーツという世界があって、いろんな競技がありますけれども、サッカー、野球、メジャーどころでいうとゴルフとかありますけれども、結構、マラソンランナーは仕事にしていくのは大変だなと、つくづく中にいて思うんですよ。1 年間にフルマラソンを走れる機会は、実際に調子を、調整をしっかりして出られるというのは、最高で年間 2 本程度だなと。それでいて、実際に賞金というものがありますけれども、東京マラソンなんかは打ち出されているんですけれども、あそこでも 500 万とかその程度。プロゴルファーを見てもらうと分かるんですけれども、毎日でもお金を出してやりたい競技、毎週でも行きたい競技だと思うんですけれども、賞金の桁が違いますよね。何かそういったところで、やっぱりランナー同士、選手同士で話をしていても「生まれ変わって、マラソン選手やりた

い？」みたいな話になると「いや、これだけ過酷な競技をしていて、この見返りだと、私はゴルフのほうが良かったかな」なんていう話をする選手もいて、そういった部分で、現代スポーツ界でマラソン競技の立ち位置というのはどういったところにあるのかなと思いまして。

　これだけ市民ランナーが増えてきた中で、市民スポーツとしてはかなり確立されてきた。だけれども、実際にトップ選手、マラソン選手たちの仕事、キャリア形成としてはいかがなものなのかな。もっとまだまだ変えられる部分があるんじゃないかなと思うんですけれども、そういった研究を白方さんは筑波大学の大学院のほうで研究されたというところなんですけれども、最近のマラソン界をどう思いますか。

白方：そうですね。結構、選手のパターンが幾つか出てきたんですけれども、実際、選手と、スポンサーと、マネジメントの方にヒアリングの調査をして、論文をつくっていたんですが、いわゆる実業団にいながら、そのまま、次のステップとしてプロになりたい選手という場合と、マラソンは続けているんですけれども、実業団から離れてという、吉田選手のようなパターンですね。続けている中で結果を出してきた。先ほどの出版社にいるときにという話になりますよね。大きく分けると、その2パターンだったりとか、あとはパフォーマンスによってちょっと変わってきたりというところですね。

　後者の場合は、いったん市民ランナーを経験しているという意味では、皆さん、市民ランナーの方と非常にコミュニケーションを取るチャンスが比較的多いのかなという印象がありますね。直接、プロになる選手はどちらかというとすごく競技志向で、賞金を取ってくるというようなニュアンスが強かったり、あと、それこそ大企業が1選手をサポートするようなパターンですね。後者の場合は複数の中小企業がサポートしていくというようなパターンが成立するかなということを感じますね。ただ、なかなか陸上競技は1社しか。

吉田：そこは課題ですよ。そうですね。陸上競技は1社しか付けられないという

ところで。

5.　プロランナー、市民ランナー

吉田：プロランナーがどんどん増えてきていますよね。

M高史：そうですね。プロランナーとしてやっていく人が、この何年かですごく増えましたよね。

吉田：増えましたね。神野大地君もそうですし。そうですね。有名どころだと誰がいる？

白方：そうですね。あとは……。

吉田：出ませんか。でも、多分、プロランナーは数えて 10 本の指で足りちゃうぐらいの選手しかいなんじゃないでしょうかね。

M高史：実際「プロランナーです」と言って、それで生計を立てるというのは本当に大変なことですよね。

吉田：難しいと思うんですね。

白方：実際、僕が一応、プロランナーの、一応、定義を。いわゆる意味合い的な定義は、走っていることにおいて、収益を得て、生活していればプロだというふうに思うので、M さんもプロだと思うんですけれども。
　そういう意味では、僕らの定義の中では、いわゆる会社の保険に入っている方がアマチュアで、自分で保険を払っている人はプロというカテゴリーを。なぜならばというところでいうと、プロ野球選手がそういう形でしょうという指摘を頂

いて、そのカテゴリーで研究を進めていましたね。

吉田：なるほど。

M高史：なるほど。

白方：体育の話でいうと、僕はもう体育学修士なので、体育の人なんですけれども、スポーツと体育の違いというところでいうと、やっぱり教育の手段で運動というところで、日本人の場合は入っていると思うんですよね。単純に体を動かす。走るのを、だから、好きになってほしいから。そうすると、やっぱり興味も湧くので、見にいきたいなというところだったりとか、吉田選手が活躍していただくと興味を持ってもらえたりとか、スター選手の存在というのはすごく大事なんじゃないかなというふうに想いますね。

吉田：スター選手ですね。

白方：スター選手が生まれてくると。今、出つつあるというか。

吉田：そうですね。いますしね。

白方：ちょっと前、短距離も、長距離もちょっと低迷していた時代がありますけれども、やっぱりここに来て、だいぶ変わってきている感じはありますよね。

吉田：なるほど。どうですか。

M高史：やっぱり香織さんみたいに、ファンの人との直接の交流がある選手というのが、やっぱり会ったことがない選手よりも、実際に1回でも会ったことがある選手のほうがやっぱり応援したくなりますよね。

吉田：確かに、町中で見た野球選手とか、ずっと応援していますもん。

M高史：はい。香織さんも多分、北海道とか埼玉。埼玉ですかね。折り返しが多いコースだと、めっちゃ知り合いが応援されて。

吉田：そうですね。自分で言ってはいけないのかもしれないんですけれども、一番、応援が多いなと実感しています。ありがとうございます（笑）。

M高史：やっぱり直接、応援……。やっぱり会ったことがある人は応援、より何パーセントか多分、応援に力が入ると思いますけれども。

吉田：市民ランナーはやっぱりそういうイベントとか、きっかけが、きっかけというか、チャンスがあれば、より一層、ランニングを頑張ろうと思える機動力にはなりそうですよね。

M高史：そうですよね。特にマラソンというのは素晴らしいスポーツだなと思うのは、トップアスリートと、あとは本当にジョギング愛好家の方が同じ道を走れるというのは十分可能な。プロ野球選手と東京ドームで「じゃあ、試合をしましょう」というわけに、「キャッチボールをしましょう」というわけにはいかないですけれども、マラソンだったら。

　例えば東京マラソンでしたら、もう2時間3分台の選手と同じ道を走っているわけですからね。時間が、タイムロスがあったとしても、同じ道を走っているので、そういう触れ合う機会というのは十分あるのかなと思っていますよね。

吉田：なるほど。どんどんそういう新しいイベントもやっていけたらいいですよね。選手のファンづくり。そして、市民ランナーがより一層、ランニングを楽しめるような機会づくりというところでね。できそうですね。

M高史：はい。

6. 将来に向けて

吉田：今後の希望的な何をしていきたいというのはありますか。

M高史：僕ですか。僕は昔からリスペクトしているのが『アンパンマン』の作者のやなせたかしさんの哲学ですね。「人生とは、よろこばせごっこ」とおっしゃっていまして、それを自分の人生のベクトルにしていまして、自分が経験してきたこととか、特技とかを生かして、それで世の中の人とか、いろんな事業のお役に立てるような活動を続けていきたいとまず割とシンプルに考えています。あとは「今日一日を全力で生きる」というスタンスでやっております。保育園から高齢者施設まで伺っていて、クライアントさんは0歳から104歳ぐらいまで、本当に老若男女、幅広いですけれども、やっぱり人の幸せとは何だろうと考えたときに、やっぱり心も体も元気であることというのがやっぱり本当に幸せなことだなと思いました。

　僕は一時期ちょっと、ちょうど香織さんとお会いして何年かのときに、割とお金も全くないような。

吉田：いろいろ元気がなかったんです（笑）。

M高史：それでもやっぱり笑って、そして人とのご縁を大事にしていれば、何とかなるんですね。そのときに感じたのは、お金がないときこそ、チャリティーでボランティアをしようと思って、やっていたら、比較的、何かいろんな人に助けていただいて、何かご飯をいろんな人におごってもらったりとか、何かいろんな、そこでお仕事が舞い込んできたりとか。

　施設も最初はずっとボランティアで行っていたんですけれども、そこで「毎週来てください」と言われて、それでお仕事として成り立つようになったりとかも

したんですけれども、とにかくそういう笑顔とご縁を大事にしていけば、きっと何か開けるんじゃないかと思って、本当に今に至っている。本当にありがとうございます。

なので、そういう、特に自分が経験してきたことと得意なことで世の中にハッピーを一緒にシェアできて。ハッピーを何か押しつけるんじゃなくて。幸せは結局、自分が幸せかどうかを感じるものなので、その気持ちをシェアしていきたいという気持ちでおりますので、これからも日々精進いたします。ありがとうございます。

吉田：はい。ありがとうございます。白方さん、将来はどうですか。

白方：僕はM君のようなそんな素晴らしい夢を語れる自信がないんですけれども（笑）。そうですね。僕はランニングに支えられて、今、仕事としては14年やらせていただいているんですけれども、ランニングは陸上とか、そうやっている人にしかまだ伝わっていないという現実があると思うんですけれども、それこそかけっこから。

みんながランニングを好きになってくれるような活動をどんどん広げていきたいなと思いますね。他のスポーツの走りだったりとか、そういうきっかけづくりだったりとか。

あとはコーチング。僕は結構、コーチングというものを、仕事のコーチングだったり、ランニングのコーチングを受けたことで、結構、自信がついたんですよね。それをもっと伝えていきたいというところで、コーチングを極めていきたいという。

吉田：すごい。仕事のコーチングも？

白方：そうですね。仕事のコーチングがランニングにも生きたりとか、ランニングのコーチングが仕事に生きたりした経験が結構あるんですよね。というところ

ですね。今、目下、ランニング以外に釣りとワイン（笑）。

吉田：でも、すごく本当に極める人なので、今、ワインエキスパートの資格を取りにいっています。

白方：そんなこともしているんですけれども、実際、僕はフランスのメドックマラソンというワインの大好きな方が行くマラソンのツアーコーチもしていたりするんですけれども、楽しみを極めつつ、それをより多くの方に知っていただくという活動は続けていきたいかなと思っていますね。

吉田：すてきですね。なるほど。

白方：吉田選手は？

M高史：香織さんは？

吉田：私はとにかく選手として動ける体と精神力がある限りは走り続けたいと思っています。一緒に走っている子、普段、一緒に走っている市民ランナーの皆さんに夢と希望を与えられたらいいなと思ってやっております。やっぱり新しいスタイルでやっていくと。私は結構、あまのじゃくなので、人と同じ型にはまりたくないというか。なので、いろいろ模索しながらですけれども、新しいスタイルを確立させて、後輩たちがあんなスタイルで競技をやってもいいんだと思ってもらえるような存在でいたいなと思ってやっています。
　本当に市民ランナーの皆さんに支えてもらってやっているんですけれども、本当に自分は走れない時期もあって、その時期から市民ランナーの皆さんに「もう一度、走れるよ。頑張ってよ」というところで声を掛けてもらって、何とか自分を奮い立たせながら、今現在、競技の世界に戻ってきているんですけれども、本当に出会いの場をつくれるというのがマラソンの良さ、ランニングの良さかなと

思っていまして、それこそさっき言っていたけれども、野球だと、東京ドームのピッチに立つことはできないけれども、マラソンだと、どういうレベルの人でも同じスタートポジションには立てて、ゴールタイムは違えど、目的は違えど、一緒に走ることができるというのは本当にすてきな世界だなと思うから、まだ走り始めていない人というのは世の中にたくさんいると思うので、一人でも多くの人にそういう何かランニングの魅力を伝えられるようなイベントとかでしていきたいなと思っています。実際にアスリートサポート協会で。ちょっと堅苦しい名前なので、Wingle という通称、Wingle という名前でイベントをやっているんですけれども、「わくわくスローラン」を担当してもらったときに分かるんですけれども、初心者向け、そして故障者対応というところで。

　初心者の皆さんが参加できるような部門をつくってイベントもやらせてもらってますので、ぜひ今日、受講された方でまだランニングを始めていない方いましたら、アスリートサポート協会で検索してもらいながら、ランニングを走るきっかけづくりをしてもらえたらうれしいなと。

　そして、もう既に走り始めている方、ぜひ奥さまとか、お友達とか、お子さまとかを連れてきていただけたらうれしいなと思います。

白方：その後で飲み会もありますからね。

吉田：そうなんですよ。

M 高史：でも、本当にこれだけトップアスリートで、これだけ市民ランナーの方と近い距離に、ましてや酔いつぶれるほど飲む。

吉田：酔いつぶれていないよね（笑）。

M 高史：すごいなと思いましたね。

吉田：ありがとうございます。肝臓だけは強い。飲みニケーションはすてきだな。私は実は飲み始めたのはまだ4年前ぐらいなんです。

M高史：そうなんですか。へえ。

吉田：そうなんです。そんなに飲む機会が多くない。だって、実業団なんて朝練がありますからね。

M高史：ですよね。

吉田：なかなか飲んでいる機会が。時間を持てない。不器用な人間なので。たまにはいますよ。飲み会だ、合コンだという選手がいるんですけれども、そういうことが不器用だからできない人間なので、やっていなかったので。
　飲みニケーションは素晴らしいなと思っています。本当にランナーと話をしていても、走っているときには聞けない話がたくさん出てくる。家庭の話をしてくれることもありますし、それまでの人生を話してくれることもありますし、本当に今、悩み事を話してもらえると本当にうれしいなと思って。

M高史：それがきっとメンタルヘルス、今日のテーマ、健康につながっていくようなところもあるんですかね。

吉田：そうだね。まとめてくれますね（笑）。ありがとうございます。

7. 活動紹介・シンガーソング・ランナー　大地穂

吉田：今日、会場にシンガーソングランナーの大地穂さんが来てくれているんですけれども、彼女も面白い活動をいろいろしています。シンガーソングランナーということで、自分で作詞作曲して、歌を歌いながら、そうして走っています。

マラソン大会の足立フレンドリーマラソンなんかではゲストランナーで、歌を歌って、走って、フル回転で活躍されています。

M高史：フルマラソンを3時間8分で自己ベスト、走られますからね。

吉田：そうですね。同じちょっと世界観、エンターテイナーとして同じ。

M高史：そうですね。前、ご一緒させていただいて。あと、先日、香港のスポーツの雑誌にも掲載、大地さんのスペシャルインタビューで4ページぐらい載っていたりしてますね。

白方：ぜひ一言。

大地：シンガーソングランナーをやらせていただいておりますSUIと申します。私自身も心と体の元気を人に伝えていきたいなと思って、もともとランニング自体は趣味だったんですけれども、歌って、皆さんに元気をなんて言ったんですけれども、自分が走ったら、とても元気になってきて、何か体を鍛えると心も元気になるんだなと思ったんですね。心が元気じゃないと体も元気じゃなくなっちゃうし、体が元気じゃないと心も元気じゃなくなっちゃうし、とてもとても密な関係なんだなと思って、自分自身が今、それを、歌と走りで皆さんにお伝えしています。

　何かせっかくご紹介いただいたので、「チャレンジャー」という曲がありますので、ちょっと1フレーズ、サビだけ歌わせていただきます。
〈歌開始〉
大地：（歌詞の要旨：自分の限界を超えられるのは自分だけ。一歩ずつ進んでいけばゴールは近づいてくる。流した汗は報われる。）
〈歌終了〉
大地：ありがとうございます。（拍手）

吉田：ありがとうございます。むちゃぶりに応えていただいて（笑）。

M高史：すごい。マラソン大会で、フィニッシュのそばで、ギターを弾き語りしながら歌っていたりとか、YouTubeでもいろんな曲がアップされていますからね。

吉田：うん。穂ちゃん、「SUI」で検索していただけると、いろいろ。「SUI」ね。

M高史：「SUI」です。

吉田：では、「トップランナーと市民との交流に学ぶ『健康』」というところで、やっぱり穂ちゃんもさっきおっしゃっていましたけれども、体と心のやっぱり健康という部分。
　マラソンをやっていて、陸上競技をやっていて、健康とは何だろうと時々考えるときがありませんか。実際にマラソンを始めたのに、マラソンが元でケガをしちゃって。

M高史：本当に多いですよね。

吉田：精神的に病んじゃって。仕事をしているだけだったら、そんなに病まなかったのに、マラソンを始めちゃったがゆえ、悩み事が増えちゃって、ちょっとうつ病になっちゃっている方とかも実際いらっしゃるんですよ。

M高史：いらっしゃいますからね。

吉田：仕事を辞めちゃったとか。そういうのもちょっと寂しいなと思うんですよ。せっかく始めたのに。

白方：そうですね。せっかくね。そういうことですよね。

吉田：そういった部分のケアなんかも、私たちは課題かなと思いまして。

白方：そうですね。「ランニング、いいよ、いいよ」と言いがちですけれども、そういったところも実はあるというのも認識していかなきゃいけないですね。

吉田：そうですよね。いろいろ私たちも新しいことを展開しながらやっていこうと思っています。

M高史：インフォメーションで言いますと、先ほどお話にも出てきました大学女子駅伝の応援プロジェクトというのがYouTubeとブログやインスタグラムでも発信させていただいております。男子の駅伝も「Runtrip」というウェブマガジンで配信しています。

8.　結びの言葉

M高史：最後、お話としては、健康というお話があったので、僕が日頃、心掛けているのは、余白を大事にしたいなと思っていまして。例えばA4の紙とかに文字をすごくびっしり書いてあって、余白がないと多分、読みにくいと思うんですね。けど、余白が適度にあるからこそ、文字が読みやすかったりとか。例えばレストランでメニューを見たときに、文字がびっしり書いてあったら、もう見る気をなくしますよね。なので、お仕事や日常生活でも目いっぱい詰め込むというよりは、自分自身を俯瞰的に、客観的に見ながらも余白がちゃんとあるかなという。伸びしろ、あるいは休めるところ。心と体が頑張れるところと休めるところ。その余白というのを逆に意識するようにしてからは、かなりいろいろコンディションも良くなってきましたので、健康と余白。

　多分、仕事をしながら、ランニングでケガをして悩んでいる人は真面目過ぎ

て、もうぱんぱんだったんですね。余白がない状態だと思います。仕事も頑張ら
なきゃ。家のこともやらなきゃ。そして、マラソンもトレーニングしなきゃ。睡
眠時間を削ってまで、それは体が無理して「ちょっと休みをくれよ」という合図
でケガにつながってしまうと思うので、やはりほどほどというか、ある程度、肩
の力を抜いていただいて、時には酔いつぶれてもいいと思うので、そういう余白
を大事にすることで健康につながっていくかなと個人的には思っております。あ
りがとうございます。（拍手）

吉田：酔いつぶれるというところで、ちらっと見ながら（笑）。

M高史：いいじゃないですか。

吉田：白方さん、どうですか。

白方：そうですね。ランニングの捉え方はいろいろあると思うんですね。僕は健
康管理じゃないですけれども、体の声を聞くという。数字とか距離とかというよ
りは、体が今、どんな状態かな。心も含めてになると思うんですけれども、それ
を把握するためのランニングというのも大体、週に1回ぐらいは設けるようにし
ています。
　あとはそういう、前向きになっていくというところにつながっていくといいか
とは思うんですけれども。そうですね。なので、あんまり数字にとらわれすぎな
いランニングをやってほしいかなと。僕が教えていた方で、ランニングのことを
あんまりマラソンとかランニングと言わずにお散歩感覚でやっている方が実際い
て、それでも3時間そこそこで走っちゃうんですけれども、そういう方はやっぱ
りメンタルヘルス的にもいいランニングをされているのかなという感じは受けた
りして、逆に僕らは日々、ランニングをお伝えすることによって、いろんなスタ
イルを、吉田選手もそうですけれども、すごく十人十色だなというところですよ
ね。自分のランニングのスタイルというのをつくっていくというのが一つ、ただ

マラソンをやっている価値というよりは、もっと広い価値につながっていくと思いますので、ぜひ自分のマイスタイルというのをつくりながら、時にはお散歩感覚みたいなものもお勧めしたいなという感じでございます。（拍手）

吉田：ありがとうございます。

M高史：香織さん、締めをお願いいたします。

吉田：そうですね。さっきもお話しさせてもらっていますが、一般財団法人アスリートサポート協会では市民ランナーの皆さんのランニングのレベルアップとか、充実したランニングライフの確立といいますか、イベントをすることで友達づくりをしてもらって、仲間づくりをしてもらって、ランニングを続けてもらえる環境をつくるとか、それからほとんど打越コーチの役割になるかと思いますけれども、選手育成ですね。実業団じゃない選手の選手育成、後輩たちの育成をしていけたらいいなと思ってやっています。

　そして、自分自身、まだ現役でやろうと頑張ってやっていますので、ぜひ皆さん、これからも応援していただけたらうれしく思います。よろしくお願いします。ありがとうございます。（拍手）

関西大学経済政治研究所・関西大学教育研究高度化促進費・大阪能率協会公開セミナー

「2025大阪・関西万博に向けて地域社会と健康を考える」
増田 明美 講演会

3/16
（土）
開催します！

プロフィール：
　元女子マラソン・陸上競技長距離走選手で、現在は大阪芸術大学芸術計画学科教授、スポーツジャーナリスト・スポーツライター・レース解説者・タレント・ナレーターなどで活動中である。1984年ロサンゼルスオリンピック女子マラソン日本代表。佐々木七恵とともに1980年代前半の日本における女子長距離走の第一人者であった。

セミナー概要
◆2025年大阪・関西万博開催が決定しました。茨木市にスポーツジャーナリストの増田明美さんをお迎えし、講演と討議を行います。
◆「地域社会における市民の健康とスポーツ」「地域ブランド」「マラソン解説の舞台裏」「大阪国際女子・名古屋ウイメンズ　一熱き走り」「増田明美杯・千葉県いすみ健康マラソンのあゆみ」「市民ランナーの星・吉田香織」「2020東京パラリンピックに向けて」「ひよっこ」など、さまざまな話題を増田明美さんがお届けします。
◆関西大学から杉本厚夫教授「大阪マラソン調査」、西山哲郎教授「関西マスターズ2021」、陶山計介教授「大阪ブランド」、飴野仁子教授「大阪の食」、亀井克之教授・総合司会「海外マラソン」が登壇予定です。

参加費無料

開催日時：
2019年3月16日（土）14:00-16:30
受付開始（13:30～）
開催場所：
茨木市福祉文化会館（オークシアター）
文化ホール
〒567-0888
大阪府茨木市駅前4丁目7-55

※お申し込みは不要です。　当日、先着300名様限定とさせていただきます。

主催：関西大学　経済・政治研究所「スポーツ・健康と地域社会」研究班
　　　関西大学　教育研究高度化促進費「大阪ブランド　一食・健康・安全一」
　　　一般社団法人　大阪能率協会

後援：茨木市　茨木市観光協会　茨木商工会議所　茨木市スポーツ推進課
　　　日本リスクマネジメント学会　ソーシャル・リスクマネジメント学会
　　　株式会社アドバンス・クリエイト（「保険市場」）　　　　　　　第2版

イベント・スケジュール

全ての講演に増田明美さんからのコメントが付きます。

14:00-14:50　「マラソンの語り部大いに語る。
　　　　　　　千葉県いすみ健康マラソンから2025大阪まで」
講師：増田 明美 氏
　　　関西大学経済・政治研究所「スポーツ・健康と地域社会」研究班研究員、
　　　スポーツ・ジャーナリスト、大阪芸術大学教授

14:50-15:10　「大阪マラソン調査から見えてきたもの」
講師：杉本 厚夫 氏
　　　関西大学経済・政治研究所「スポーツ・健康と地域社会」研究班研究員、
　　　関西大学人間健康学部教授

15:10-15:20　コメント「関西マスターズ2021に向けて」
コメンテイター：西山 哲郎 氏
　　　関西大学経済・政治研究所「スポーツ・健康と地域社会」研究班研究員、
　　　関西大学人間健康学部教授、茨木高等学校卒

15:20-15:40　「2025に向けた大阪ブランド」
講師：陶山 計介 氏
　　　関西大学　教育研究高度化促進費「大阪ブランド―食・健康・安全―」代表、
　　　関西大学商学部教授

15:40-15:50　コメント「大阪の食」
コメンテイター：飴野 仁子氏　　　関西大学商学部教授

総合司会：亀井 克之 氏
　　　関西大学経済・政治研究所「スポーツ・健康と地域社会」研究班代表、
　　　関西大学社会安全学部教授　株式会社アドバンスクリエイト　社外取締役

15:50-　―　増田 明美さんとディスカッション　―
　　　「スポーツ・健康と地域社会」研究班4年間の総括
　　　「大阪ブランド」研究グループ3年間の総括

16:30　終了予定

著書ご紹介：「市民マラソンがスポーツ文化を変えた」
（関西大学経済・政治研究所研究双書 第163冊）

第2版

市民マラソンと人
―市民マラソンに関わる人たちの群像―
②打越忠夫

打越忠夫

　順天堂大学在学中の 1988 年箱根駅伝で 3 区区間賞をとり、チームの総合優勝に貢献。雪印乳業に入社し、1993 年のシュツットガルト世界陸上「男子マラソン」で日本人トップの 5 位入賞。1994 年ロッテルダムでは 2 時間 12 分 52 秒。JR 東日本コーチを経て、現在は一般社団法人アスリートサポート協会代表理事。現在は 2016 年の北海道マラソン「女子の部」で優勝した吉田香織選手のほか、多くのエリートランナーを指導している。

（『月刊ランナーズ』2017 年 9 月号 83 頁の紹介文ならびに『ランニングマガジン　クリール』2019 年 6 月号 10 頁掲載の紹介文より）

　　市民ランナーと交流するようになって、実業団の中でしてきたこととまったく違う世界の人たちとの繋がり、ふれあいができる。それが非常に新鮮で心地よい気分にさせてくれた。これからまだまだ続けていなかなくてはならない、続けたいという思いにさせてくれたことが一番大きいと思います。（2016年 10 月 5 日・関西大学経済・政治研究所第 217 回産業セミナー「市民ランナーの星はいかに誕生したか」より）

コラム

市民マラソンと人
―市民マラソンに関わる人たちの群像―
③吉田香織

吉田香織

　2000 年に埼玉県立川越女子高校卒業後、実業団（積水化学・資生堂）に 7 年間所属。2006 年の北海道マラソンを実業団「引退記念」として走ると初マラソン優勝（2 時間 32 分 52 秒）。「もう少し走ってみようかな」という気持ちが芽生え、当時の監督や先輩 3 人と一緒に市民ランナーを指導しながら競技を続けることをコンセプトにしたランニングクラブ「セカンドウィング AC」を立ち上げた。この「市民ランナーとの出会い」が走ることの楽しさや素晴らしさを改めて感じるきっかけとなった。現在は一般社団法人アスリートサポート協会理事、TEAM　R × L 所属選手、MEDALIST 契約アスリート、SALOMON フットウェアアンバサダー、2018 年度関西大学経済・政治研究所非常勤研究員。2010 年ゴールドコーストマラソン優勝。2017 年名古屋ウィミンズでの 2 時間 28 分 24 秒が自己ベスト。市民ランナーの星。（『月刊ランナーズ』2019 年 2 月号 27-29 頁掲載「TOP RUNNER の週刊健康「ランニング」日記」における自己紹介文ならびに『ランニングマガジン　クリール』2019 年 6 月号 10 頁掲載の紹介文より）

　　トップランナーとしては異例なんですけれども、プロランナーでもなく、市民ランナーでもなく、いや両方なのかな（笑）。新しい形でのランナースタイルで活動しております。（2018 年 7 月 31 日・関西大学経済・政治研究所公開セミナー「トップランナーと市民との交流に学ぶ健康」より）

　　マラソンに大切なのは練習を点ではなく線で繋ぐこと。これも歳を重ねたからこそできるようになった。全ての経験が今の自分を作っている。焦らず「余力」をもって準備＆準備。その先の光がすぐそこに見えていることを信じて。（『月刊ランナーズ』2019 年 2 月号 29 頁より）

関西大学千里山キャンパス陸上トラックで行わ
れたランニング教室で軽快なフォームを披露
（2016 年 10 月 5 日）

大阪城公園で開催された SALOMON 主催トレラン教室で市
民ランナーを指導（2018 年 4 月 15 日）

市民マラソンと人
―市民マラソンに関わる人たちの群像―
④白方健一

白方健一

トップギアインターナショナル合同会社代表／ヘッドコーチ。2012年ロンドン五輪マラソン代表・藤原新選手や、現在は吉田香織選手のトレーニングパートナーを務める。自身もフルマラソンだけでなく、ウルトラマラソンやト

関西大学での大人数講義、魚釣り、JSA認定ワインエキスパートとしても活躍

レイルにも挑戦。体育学修士。全米スポーツ医学協会認定 NASM PES。(『ランニングマガジン　クリール』2019年6月号10頁掲載の紹介文より)

ビギナーからトップランナーまで、あらゆるランナーのライフスタイルにフィットしたオリジナルメソッドの提案をしている。『ずっと楽しめるランニングのあるライフスタイル』の為に指導者も現状に満足せず、環境、効率、マッチングなど細部にこだわり、体系的でユニークなプロセスの構築ができ、ランナーが指導者、ランニング環境を選べるようにすることを視野に活動。(トップギアインターナショナルの WEB サイトにおける紹介文より)

関西大学非常勤講師、日本ソムリエ協会（JSA）認定ワインエキスパート。

著書『マラソンは3つのステップで3時間を切れる！』SB新書、2015年。

『あきらめないランニング　～楽しいランのはじめかた、続けかた』技術評論社、2016年。

走り続けるスタイル作りは重要だし、ランニングに限らずスポーツにはいろいろな楽しみ方がある。マラソンにもサポート役のボランティアとして関わるという新しいスタイルも生まれてきているから、ランニングへの興味がもっと多様化して日本のランニング文化も一層熟成してほしいと願っています。(『マラソンは3つのステップで3時間を切れる！』SB新書、2015年、180頁より引用)

市民マラソンと人
―市民マラソンに関わる人たちの群像―
⑤ M 高史

M 高史

　ものまねとマラソンが大好き「ものまねアスリート芸人」。

　世田谷学園高校から駒沢大学へ。陸上競技部でマネージャー、駅伝主務。卒業後、福祉の仕事（知的障がい施設の職員）へ。2011 年 12 月より、ものまねの仕事を開始し、ものまね芸人に。川内優輝選手のものまねで話題となり、イベントや大会にゲスト・M C で出演。箱根駅伝では現在も「給水」などで、母校・駒澤大学のサポートをしている。

　東京マラソン財団スポーツレガシー事業 チャリティ・アンバサダー、東京マラソンウィーク宣伝部長、ジャパン駅伝ツアー PR アンバサダー、下関海響マラソン応援大使、会津若松市鶴ケ城ハーフマラソン大会 PR 大使、メダリストアンバサダー（親善大使）、NPO 法人アトリエ言の葉（理事長）などを歴任。（ものまねアスリート芸人・M 高史オフィシャルブログ、「M 高史の大好きなランニングに日々感謝」月刊『ランナーズ』2019 年 12 月号、62 頁のプロフィールより）

　　感性を磨くには日頃からよく観察し、洞察力が求められます。言われてから動くのではなく、サッと感じ取り、先回りしてさりげなく準備しておく。何か問題がおきても機転を利かせて対応しておくといったことです。

　大八木監督の一番印象に残っている言葉は「人から喜ばれるような人から必要とされるような人に感動を与えるような人間になりなさい」です。今でも人生の羅針盤になっています。（「M 高史の大好きなランニングに日々感謝」月刊『ランナーズ』2019 年 12 月号、62 頁より）

さまざまな市民マラソンでゲストを務める

市民マラソンと人
―市民マラソンに関わる人たちの群像―
⑥大地穂（おおちすい）

大地穂

SUI。シンガーソングランナー。シンガーソングランナーとして歌い走り、チャレンジを続けている。2019 年 7 月の第一回ボートレース甲子園・公式テーマソング「チャレンジャー」を担当し、浜名湖ボートレース 場にて演奏。10 月にはテレビ東京「主治医の見つかる診療所」エンディングテーマを担当。ランニングでは 2020 年 1 月大阪国際女子マラソンで芸能人最速の 2 時間 57 分 36 秒で完走。

2018 年にうたランチャンネルを開設し、視聴者と共に成長していく事をモットーに、歌に走りにチャレンジを続けている。（シンガーソングランナー SUI の WEB サイトのプロフィール　http://www.suiohchi.com/profile/ より）

主な CD 作品『街の灯り』『チャレンジャー』『Singer Song Runner』など。

マラソンって大会に出るためには、食事メニューや練習内容まで逆算して決めるんです。すると本番走ることだけに集中できるし、やったことが自信になるし、そういうプロセスが歌手活動にも反映されるようになりました。

走り始めてからは、10km 走れる自分を自分で褒めてあげられるようになりました。しかも、周りも「すごい！」って言ってくれるんです。大人になると周りが褒めてくれることってあまりないじゃないですか（笑）。それが素直に嬉しくて、次は何 km 走るぞと目標を決めて達成することを繰り返していたら、"約束を守れる自分"に自信がついていったんです。

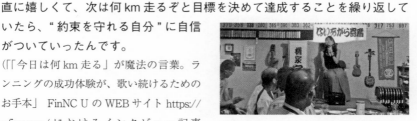

（「「今日は何 km 走る」が魔法の言葉。ランニングの成功体験が、歌い続けるためのお手本」 FinNC U の WEB サイト https://u.finc.com/ におけるインタビュー記事 https://u.finc.com/29873 より引用）

北海道マラソン 2018　完走後にランナーが集う店でライブ

第6章　老舗・ファミリービジネスにおける健康経営

亀井克之・尾久裕紀

序言

フランスのモンペリエ大学・経営学部オリビエ・トレス教授によれば「中小企業における重要な経営資産は、経営者の健康である」(Torres, 2017) [1]

近年、健康経営に注目が集まっているが、その焦点は従業員の健康にある [2]。経営者自身の健康に関する論考は少ない。ところで、中小企業の大多数は、ファミリービジネスである。それゆえ、中小企業の経営者の健康を考えること、そして中小企業による地域社会の健康増進に寄与する活動を考えることは、ファミリービジネスの研究と実践において新たな貢献となりうる。また、日本は世界的に見て200年や300年あるいはそれ以上の歴史を持つ老舗が多い「老舗大国」である。これら老舗企業の多くはファミリーで代々受け継がれてきたファミリービジネスである。

現実の老舗やファミリービジネス経営において、①経営者の急病・急逝による経営への打撃、②後継候補者の急病・急逝による事業承継への打撃など、健康の問題は大きな影響を及ぼしている。

本章では、こうした観点から、事例研究として、老舗・ファミリービジネスによる地域社会の健康増進に寄与する活動例や、老舗・ファミリービジネス経営者による健康維持の意識を取り上げる。また実証研究として、あんしん財団・大妻女子大学による中小企業経営者の健康についての日仏共同調査（「AMAROK 経営者健康あんしんアクション」代表　尾久裕紀）から、ファミリービジネスに関係する項目の調査結果の一部を示す。

1. 老舗・ファミリービジネスにおける経営者の健康・健康経営の視点

老舗・ファミリービジネス（FB）における経営者の健康と健康経営に関して、以下の仮説が導出できる。

H1：FB の経営者の方が非 FB の経営者より健康である。

H2：FB には代々伝わる健康法がより多くあり、健康経営がより盛んである。

H3：FB 経営者は特定の運動競技の実践に秀で、それが継承されている傾向がより強い。

H4：FB は地域社会との結びつきが強く、地域社会の健康増進により貢献している。

2. 事例研究

2-1. 本田味噌本店（京都）の事例

創業 1830 年の本田味噌本店は、トライアスロン選手の支援を行なっている。グループ会社の西京味噌は、トライアスロンや卓球などの競技について地域貢献している[3]。

2-2. 辰馬酒造（兵庫）の事例

創業 1662 年の辰馬酒造は、香枦園テニスクラブを運営する。その理念は、①共に汗を流す中から生まれる連帯感、②コミュニティ、③ヘルシー感覚とともに、本来のスポーツ意識、④地域のスポーツの振興をはかるとともに新しいコミュニティの核という諸点にある。同社が創設した学校法人辰馬育英会・甲陽学院中学校・高等学校では、夏の甲子園・全国高等学校野球大会に 1923 年に優勝し 100 年の歴史を誇る野球部に代表されるように、運動が盛んである[4]。これらはファミリービジネスだからこそできる息の長い地域貢献型のスポーツ支援であろう。

2-3.　弘果グループ（青森）の事例

　1960年創業の弘果グループは、社員の健康への取り組みが認められ「ひろさき健やか企業」第一号[5]に認定された。大中忠社長は次のように述べている。「社員の健康が大事だと思うようになり、社内にジョギングクラブの立ち上げや市場内の分煙対策も進めてきました。全社員が元気に定年まで勤めて、いい仕事をしてもらうため、今後も健康づくりに力をいれていきたい」

　同社では Apple watch と iPhone アプリ「健康物語」による国内初の健康経営を実践し始めた。これは着用するだけで消費カロリーや運動時間が自動的にアップルウォッチにより収集され、「健康物語」アプリで自身の健康状態をチェックすることができるというものである。着用している社員からは「腕時計感覚でつけることができるので、業務中も邪魔にならない」、「自分の運動量をチェックする頻度が増えた」、「着けているとモチベーションが上がる」と評価されている。

　大中忠社長自身の健康方法として、ウォーキングやジョギングは毎日のようにしていたが、足を怪我してからはあまり行っていない。現在は、ゴルフコンペに向けて毎日のように練習に通っている

　地域社会に対する取り組みとして、弘果グループは、地域社会と様々なコミュニケーションをとり、1次産業ばかりではなく、地域全体の活性化に貢献できるよう努力している。

　また、社内にスキーレーシングクラブを設置し、地元スポーツとして、目標のオリンピックでの入賞を目指して活動している。その他として、弘果グループが2017シーズンにブランデュー弘前FC（東北リーグ1部）の「トップチームスポンサー」となっている[6]。

2-4.　老舗・ファミリービジネス経営者による健康維持の事例

　ファミリービジネスの経営者3人に健康をテーマにインタビューを実施した。

　ファミリービジネス3社の経営者は、健康維持や増進について次のように回答した[7]。まず3氏ともに、ファミリーに代々伝わる健康法や運動の有無についての質問に対して、特にはないとの回答であった。

1611 年に創業した京都の堀金箔粉の 10 代目・堀智行社長は、健康維持法として、子どものスポーツの応援や引率、そして自身の趣味であるヨットを挙げた。

1637 年に創業した京都・伏見の月桂冠の 14 代目・大倉治彦社長は、特にこれといった健康維持法はないが、ゴルフが好きでよく行うので、結果的にこれが健康維持につながっているだろうと述べた。

1716 年創業の奈良・中川政七商店の 13 代目・中川淳会長は、若い頃にサッカーをしており、現在もフットサルを行っている。2018 年に経営の一線を創業家以外からの従業員出身者に譲った。会長になった後は、奈良を元気にするという思いを抱いて、サッカー JFL の奈良クラブの代表取締役社長に就任してスポーツ事業に取り組んだ。

3. 実証研究

図表 6-1　事業承継と基本健康関連事項との関係《創業者》《後継者》
Q17 ストレス、Q44 体調、Q45 精神面　総まとめ

		Q17 ストレスがたまった人	Q44 体調が悪い人	Q45 精神面で調子悪い人
日本	創業者	Q15 一週間の平均労働時間が 10 時間ほど長く約 55 時間 Q18 仕事の満足度が低い	Q28 昼食をきちんと取る心がけが低い Q46 睡眠の質が悪い	Q18 仕事の満足度がやや低い Q46 睡眠の質がやや悪い
	後継者	Q18 仕事の満足度が低い Q46 睡眠の質が悪い	Q18 仕事の満足度が低い Q46 睡眠の質が悪い	Q28 昼食をきちんと取る心がけが低い Q46 睡眠の質が悪い
フランス	創業者	Q15 一週間の平均労働時間が 10 時間ほど長く約 55 時間 Q28 昼食をきちんと取る心がけが低い Q46 睡眠の質が悪い	Q28 昼食をきちんと取る心がけが低い Q46 睡眠の質が悪い	Q14 経営の立場としてやや孤立している Q28 昼食をきちんと取る心がけが低い Q46 睡眠の質が悪い
	後継者	Q15 一週間の平均労働時間が 10 時間ほど長く約 55 時間	Q14 経営者の立場として理解者がやや多い	Q46 睡眠の質が悪い

中小企業経営者の健康に関して、日仏共同調査「AMAROK 経営者健康あんしんアクション」を実施した。これは、中小企業経営者・個人事業主に対する電話による調査である。事業承継に関わる項目についての 2017 年 8 月段階の調査結果が示した傾向を図表 6-1 に示す。統計的に創業者経営者と家業継承者の健康について有意な差異はほとんど認められなかった[8]。

結語

本章第 1 節で示した仮説は、事例によっても、実証研究によっても、証明することは叶わなかった。しかしながら、老舗やファミリービジネスならではの歴代経営者の間で受け継がれてきた健康増進法や運動競技そして健康や運動に関する社会貢献などは、老舗やファミリービジネスの経営を考える際の新たな視点だと言えよう。

注

1) Oliver Torrès (sous la direction de), *La santé du dirigeant*, 2e édition, deboeck, 2017.
2) 健康経営とは、本章で取り上げる青森県・弘前商工会議所によれば、「社員の健康を重要な経営資源と捉え、積極的に社員の健康増進に取り組む企業経営スタイル」であり「取り組むメリットとしては、生産性の向上、リクルート効果、事故等のリスクマネジメント、企業のイメージアップなど」がある。弘前商工会議所の WEB サイト中の「健康宣言・健康経営」のページ https://www.hcci.or.jp/ 参照。
　本章における弘前商工会議所と会員企業の取り組みについては、注に記した資料以外に、2018 年 8 月 28 日に行った弘前商工会議所における聴き取り調査に基づく。
3) 本田味噌本店の WEB サイト http://www.honda-miso.co.jp/ 参照。
4) 辰馬酒造の WEB サイト https://www.hakushika.co.jp/ ならびに学校法人辰馬育英会甲陽学院中学校・高等学校の WEB サイト http://www.koyo.ac.jp/ 参照。
5) 青森県は、男女ともに、全国で最短命であるという状況を改善する一環として、2017 年 4 月に「青森県健康経営認定制度」を開始した。これを背景に弘前商工会議所は 2018 年 3 月 27 日に自ら「健康宣言」を行なった。同所は、事務局に勤務する者の健康増進はもとより、会員のおよそ 2400 の事業所に対して従業員の健康を重要な経営資源と捉えて健康経営に取り組むことを促している。その第一歩として、会員企業に「健康宣言」を行うことを推奨している。県、市町村、各種団体等で健康に関連する登

録制度ができる中、登録の要件が簡易な「協会けんぽ青森支部」の健康宣言を推奨している。こうした動きは「家族経営が多い小規模の事業所こそ健康経営が必要」「会員企業は個人事業所が多数を占めていて、夫婦で経営しているような店の場合、片方が倒れると経営が立ち行かなくなる」という小規模ファミリービジネスの状況に対応しようとするものである。『東奥日報』2018年6月29日参照。

弘前商工会議所内の健康コーナー

6）弘果グループの WEB サイト中の「健康に対する取り組み」のページ https://sub. hiroka.jp/company/social/ 参照。

7）2019年4月23日、堀金箔粉ならびに月桂冠におけるインタビューならびに2019年4月25日、中川政七商店におけるインタビュー。

(8) 2017年から2018年にかけて、あんしん財団・大妻女子大学「AMAROK 経営者健康あんしんアクション」によって、フランス AMAROK と同日本支部（代表・尾久裕紀、事務局長・亀井克之）が共同調査を実施した。この内、本章で取り上げた調査の概要は下表の通りである。

中小企業経営者・個人事業主に電話による調査

	質問票1	質問票2
日本	391人 2107年3-9月	340人 2017年7-11月
フランス	313人	257人

AMAROK はフランス・モンペリエ大学経営学部のオリビエ・トレス教授が2009年に設立した中小企業経営者の健康問題を調査する研究機構である。中小企業経営者の健康に関する調査や啓蒙活動を行っている。

AMAROK の活動例：ホットライン

中小企業経営者、個人事業主、商売人、職人、農業従事者、自由業者などの非従業員を対象とする押し込み強盗、暴力などの被害者のトラウマの精神的ケア。オンラインアンケート調査で、深刻なバーンアウトの症状が検出された場合、リアルタイムでホットラインの電話番号を表示し、相談をうながす。

AMAROK に所属する研究者による進行中の研究テーマ例：

• 中小企業経営者の健康状態について日仏蘭比較研究

•Technostress & Santé：テクノストレス

　従業員や経営者の健康や仕事のパフォーマンスに与える影響についての比較研究
　破産申請手続き中にある経営者の深刻なストレスについての分析

•ADHD Symptoms and Entrepreneurial Orientation: ADHD と起業の相関性

＊本章の内容は 2018 年 9 月 1 日に慶應義塾大学日吉キャンパスで開催された 2018 年度ファミリービジネス学会全国大会における研究報告に加筆修正したものである。

第7章　メディア経験としてのスポーツ観戦
—パブリック・ビューイングの社会性と公共性—

西　山　哲　郎

1. スポーツ観戦時のパブリック・ビューイングから社会を考える

　本邦史上2度目となる夏季オリンピック・パラリンピック大会の開催を間近に控え、世間一般の関心もようやく高まってきた現在、観戦チケットの入手が困難を極めている。市民ランナーにとって観戦意欲を一番そそられるであろうマラソン競技も、観覧席でスタート・ゴールを応援できる人はごく一部に限られてしまいそうだ。それでも開かれた沿道で応援が可能なことは、他の競技より恵まれているのかもしれない。

　とはいえ、酷暑のなかで開催される今回の大会では、いくら早朝に開催されるといっても、コース沿いの野外でのマラソン観戦には少なからぬ健康リスクがともなってしまう。盛夏の早朝、寝不足のまま長時間の待機を強いられる観客のことを思うと、巨大スクリーンを利用して、救護体制を整えた環境で大勢が観戦できるパブリック・ビューイング（以降、PVと表記する）は、想定されるリスクを低減する一助として、もっと期待されておかしくないものではないだろうか。

　大会を主催するJOCや東京都が様々な焦熱対策を検討するなかで、これまでPVの活用にあまり積極的でないようにみえるのは、ひとつには放送をするテレビ局との権利関係の調整が懸念材料となっているためであろう（西山 2015）。高額の放送権料を負担するテレビ局は、国際スポーツ大会の開催継続を支える有力なスポンサーであり、その権利を無視することは難しい。しかし、2020年のオリンピック・パラリンピック大会の主要競技が、それも特に本書で関心の中心となっているマラソン競技が、無料視聴を原則とする地上波テレビ放送の対象となることが既定路線であるなら、テレビ局と、その背後にいる広告代理店は、観客

95

の健康リスクを低減する PV の開催を後押しする方が、ネット放送に押されて権益が縮減されていく現状を挽回する機会となるのではないか。個人化の傾向を強める現代において、PV は、メディア（媒介）経験でありながら、その場に共存することでしか経験できないライブ体験であるという独特な魅力を備えている。その意味で PV とは、単に地上波テレビ放送局の復権を助ける手段などではなく、現代人が「社会」という共同体験を実感できる貴重な機会ではないだろうか。

　1980 年代に英国首相を務めたマーガレット・サッチャーは、「社会（society）なるものは存在しない」と断じて、新自由主義政策を推し進めた。個人の主体性を尊重しながら集団的な秩序を可能にする「社会（society）」という概念構成物は、その一員となる資格を狭く捉えれば排外主義の温床となるが、逆に広く捉えれば、公的扶助を可能にする心理的基盤ともなる両義的な性格を備えている。スポーツ観戦の際に行われる PV は、敵か味方か、という立場が強調されるため、閉鎖的な集団形成と排外主義のゆりかごとなることも考えられる（香山 2002）。その一方で、スポーツという遊びのフィルターを通して敵・味方関係を再考・昇華できれば、利害の相違を認めつつ共に生きるものとして共感を育てる場ともなることが、2006 年のサッカー W 杯ドイツ大会の際に確認されている（西尾 2013）。

　そこで本稿では、スポーツ観戦の一形態である PV が、社会の生成という観点から、どういう可能性を秘めたものであるかを検討したい。そのため、まずはスポーツ競技をテレビで観戦する経験の歴史から振り返りたい。

2. 文化を享受する姿勢の変化と公私関係の変容

　スポーツ研究の立場からスポーツ観戦に関心をもつ場合、第一に競技場で直接応援する人々に興味が向けられるのは、ある意味、自然といえよう。そうではなく、テレビを通じた観戦に焦点を当てられる場合、その経験がナショナリズムや他国家・他民族への意識にどう影響を与えたか、といった外在的な関心から研究

するか（NHK 放送世論調査所編 1967 など）、競技場での観戦とテレビ経由の観戦で、その体験にどういう違いがあるかを考察するもの（阿部 2008 など）というものが、これまでは多かった。本稿は後者の系統に属するものだが、テレビというメディアを介して文化を享受する経験の変化を理解するには、社会や家庭といった人間の生活空間の変化との相関を考える必要がある。というのも、パブリック・ビューイングというテレビの視聴形態は、日本のテレビ放送の初期にみられた街頭テレビという視聴形態と共通点が指摘されているからだ（飯田・立石 2015）。また、この街頭テレビでは、プロレスやプロ野球といったスポーツ観戦が主なコンテンツとなっていたことも指摘しておきたい。

　テレビ視聴の歴史的な変化をみると、その初期にはテレビ局による普及活動の結果として街頭テレビという共同視聴がみられたが、その当時は、自宅でテレビが購入された場合でも、近所の人に開放して、人気番組や国家的重要イベントを共同視聴することが少なくなかったと指摘されている（太田 2018）。それがテレビの普及、受像機の小型化や低廉化にしたがって、世帯単位の視聴形態を経て、個人的な視聴形態に移行していったのは周知のことと思うが、PV は、そうした流れをある意味で遡るような動きとみなすことができる。

　なお、その享受経験において、集団的な形態と個人的な享受形態の間を揺れ動く運動は、スポーツ観戦に限らず、他の文化にもみることができる。たとえば音楽の場合、近世封建社会では、今では「クラシック」として威信を与えられた楽曲でも、貴族のサロンや宮廷において他の行事の添物として享受されていた（渡辺 1996）。その時代、支配階層の私的活動と公的活動は融合していて、公私の関係が未分化なところが音楽聴取のあり方にも現れている。近代社会の成立とともに、音楽経験は市場に開かれ、中産階級が劇場で畏まって拝聴する形態へ変化していった。つまり、公的空間の相対的自立化と音楽受容の形態変化は相関していた。

　その後、大衆社会の形成にともなってレコードやラジオ（AM ／ FM）による音楽受容が拡大したが、その初期には世帯単位の享受形態が中心だった。しかし、次第に個人化の様相が強まり、ラジカセからウォークマン、さらには iPod

といった携帯プレイヤーの普及によって、音楽受容は単なる個人化を越えて内在化、身体化の次元に踏み込んでいる。

このように、音楽受容の形態変化は公私関係の変化とリンクしており、同時にそれらの変化はメディア装置の発明や普及と相関関係にある。そうしたメディア装置のひとつとして電話の事例も比較対象として考えてみよう。19世紀末に発明されたばかりの頃、電話は世帯を対象とする有線放送としての利用も検討されていた。しかし、その普及期には、もっぱら企業や行政組織の業務連絡や家庭間の緊急連絡に活用されていた。緊急性をもたない個人による享楽的な利用は、各家庭に一つは必ず電話機が配置されるようになって以降のことになる。

家庭における電話機の配置にも上記の変化は反映されていて、初期は玄関脇など家庭内で公的な空間に開かれた場所に置かれていたのに対し、やがて廊下という家族の共用空間に移動し、娯楽的な利用の増加にともなって居間へ移動した（吉見ほか 1992）。その後、家庭に子機や複数台の電話機が導入され、電話利用の個人化が進んだが、最近になると携帯電話の利用が無差別に拡大することで、個人空間による公的空間の侵食がみられるようになってきている。

3. 映画とテレビの受容形態の歴史を比較する

次に、音声・聴覚メディアではなく、視覚メディアの受容形態が歴史的にどう変化したのか考えてみる。テレビに先行して普及した視覚メディアである映画という受容形態は、その発明当初、19世紀後半には当時の音楽と同様に（中産階級による）公的空間における集団視聴が主流だった。映画の普及期に大衆が映画を日常的に享受するようになると当初の堅苦しさはなくなったものの、生産コストの高さもあって、その受容形態はもっぱら集団的なままであった。しかし、家庭用の小型映写機が普及するようになると、家庭内でも撮影と上映と視聴が行われるようになる。さらに、大衆化と 8mm 映写機の普及が、映画視聴の個人化を加速した。

本稿の主題となるテレビの場合、普及の初期には、街頭テレビのような公的空

間での享楽的な受容と、学校における教育機能が期待されていた。（ただし、前者は映画の役割と重複していた。）それと並行して、飲食店などでは客寄せに利用されており、地域の名士の家に他に先んじて設置されていたテレビは、近隣の人々にしばしば開放されていた。

　現代のパブリック・ビューイングは、この時代の視聴形態と重ねて考えられることが多いが、その後のテレビの受容形態の変化を考えるには、映画との役割分担と、電話の受容形態の変化と比較してみることが必要であろう。

①映画との役割分担

　8mm 映写機の普及によって個人利用が拡大していた映画と比べ、テレビは普及初期には技術的制約から録画が難しかった。この分野で映画にとって代わるには、録画装置の開発とハンディなテレビ録画機の普及を待つ必要があった。公的な空間での利用においても、編集が困難という初期のテレビの特性によって映画にとって代わるのが難しかった。ただし、世帯単位の受容に関しては、映画はフィルムを現像する必要という技術的制約から、頻繁な利用が難しかったのに対して、映像を垂れ流しするテレビは、その機能的（あるいは時間的）特性から、逆に世帯単位の消費に向いていた。

②電話の受容形態との比較

　普及の初期において、公的な場所ではなく家庭に導入された場合でも、家庭の外にも開かれた利用がなされていた点では、電話とテレビは共通している。その後の展開においても、まずは居間に移動し、世帯単位での利用が普及したことと、個人の部屋に分散して以降は、個人単位の利用が広まったところが両者に共通している。

③ラジオの受容形態との比較

　1960 年代にトランジスタの普及によって一気に個人利用が進んだラジオと比べると、テレビの個人化は、主に経済的な理由から高度経済成長期が終わるのを

待つ必要があった。ただし、どうせ視聴するなら大画面の方が、というテレビ受容における一定のニーズから、携帯プレイヤーの普及によって個人的な受容の方が主流となった音声メディアと比べると、テレビ視聴の個人化が内在化や身体化の水準に至るには、携帯電話へのワンセグの導入やスマートフォンの普及を待つ必要があった。

4. スポーツとテレビ視聴の共存関係

　拙論「範例的メディアイベントとしての 2020 東京オリンピック・パラリンピック大会の行方について」（2015）でも指摘したように、テレビというメディアの発展とメガスポーツイベントの発展の間には深い共存関係がある。

　まず、テレビ受像機の普及に関して、1964 年の東京オリンピックの影響が大きかったことはよく知られている。また、その後も 4 年毎に、夏季オリンピックが開かれるたびに新しい技術を盛り込まれたテレビの売り込みが図られてきたことも（最近、その効果が薄れてきたとはいえ）事実である。ところが、テレビの録画技術が発達して以降、番組の合間に CM を挟み、視聴者に強制視聴させることで無料放送を可能にしてきた地上波テレビのビジネスモデルは、その優位性を失いつつある。そのなかで、スポーツ中継に関しては、勝敗がわかってから見ても面白くないというコンテンツの特性から、依然としてリアルタイム視聴のニーズが高い点で、テレビ放送の救い主となってきた。

　特に、CM を挟み込みやすいようにルール変更が行われたスポーツ（アメフトやバスケ）は、現在でも巨大な視聴者数と広告収入を（アメリカの）テレビ局にもたらしている。オリンピックの競技種目も、テレビ局の要請でルール変更が行われ、CM を挟み込むことと、番組編成が容易になる（つまり時間的な見込みを立てやすい）ようになって、テレビ放送の経営を支える柱として利用されている。

　これに対して、衛星を使った有料放送を主な収入源とするようになった 90 年代以降のサッカーは、CM を挟み込むようなルール変更を必要としなかった（格

闘技の中継についても、同様の展開がみられる）。しかし、リアルタイムな視聴に対する要求が高いというスポーツ中継の特性は、こうした有料放送についても、その契約数を伸ばす上で有効であり、それが経営の柱となっていることは地上波テレビ放送と共通している。なお、衛星放送やネット放送の普及と、スロー再生の容易化は、審判の判定に関して曖昧さを許さなくなってきており、そのため、機械判定の導入が進むという影響が出ている。そのような変化は、特にサッカーやテニスで顕著である。

　こうした状況に対して、ルールの変更や試合の開催時期・時間に関する決定がメディアの都合で左右されて、選手がないがしろにされていると批判する声が次第に高まっている。そうした立場から、選手のパフォーマンス向上を第一に考えるよう変革を求めることを、昨今は「アスリート・ファースト」という言葉で表現している。その主張にうなずけるところが多いのは事実であるが、ただし、現代の限界まで水準を高めたスポーツ環境において、その水準を保つコストを支払うのは、アスリートだけでは無理なことで、ファンの関心を背景としたメディアやスポンサーの力が重要であることも認める必要があるだろう。

5.　パブリック・ビューイングと公共性の関係に関するメディア論的考察

　前述のように、テレビ普及の初期段階から街頭テレビのような形態でパブリック・ビューイングは実施されていた。しかし、昨今の公共空間で行われるテレビ視聴は、「公共性」の定義そのものの変化と呼応することで、街頭テレビの視聴とは違ったものになっている。

　スポーツ観戦のパブリック・ビューイングについて先駆的な研究を行ってきた立石（西尾）祥子によれば、テレビ放送における公共性は、そのコンテンツに「不特定多数の視聴者の関心、あるいは社会的関心事の反映」があり、両者に「フィードバック」があることで定義できるという（西尾 2011）。この立石（西尾）の「公共性」の定義は、もちろん未完成なものではあるが、ベネディクト・アンダーソン（2007）による「想像の共同体」の議論が新聞や雑誌メディアに依

拠したものであったことを想起すると、公共性の存立基盤の変化を主流メディアの変遷から考える重要性は理解できるだろう。

しかし、視覚メディアに関して、映画とナチズムの関係を論ずるものなどは存在するが、管見ながらテレビと映画の違いを意識してナショナリズムや公共性を論じたものは少ないように思われる。もちろん、ダヤーンとカッツ（1996）が典型となるように、これまでのメディアイベント研究では、ナショナリズムへの影響を論じてはいるものは少なくないものの、メディアの違いや公共性の形成にまで視野を広げて考えているものは多くない。さらに、メディアイベントを可能にするテレビ放送の特性を、その視聴形態の多様性にまで踏み込んで比較研究したものは少なかった。立石（西尾）のパブリック・ビューイング論は、公共性とテレビメディアの関係を掘り下げる新たな視点を開いた点で評価できる。

立石（西尾）のPV論で、公共性の問題と絡めて特に印象深いのは、2006年のサッカーW杯ドイツ大会時にみられた「ファンマイレ（Fanmeile）」現象の分析であろう（西尾 2013）。「ファンマイレ」は、W杯の試合開催にあわせて、ドイツ各地のストリートで敵味方関係なく不特定多数の参加を許すかたちで行われたパブリック・ビューイングであった。この企画は、FIFA公認のイベントであった点でも興味深いものだが、ドイツ人が、第二次世界大戦後、初めてためらうことなく国旗を振るって自国を応援できる機会となったことでも特筆すべき出来事であった。国旗とスポーツ観戦が結びつくと、ナショナリズムに関する批判の検討を避けることはできないが、「ファンマイレ」は決して排外的なものではなく、他国の旗が振られることも許容し、お互いの選手の活躍を称えあう祝祭空間となっていた。その意味から、PVと公共性の関係を考える上でも重要な出来事であったことを、ここで確認しておきたい。

この立石（西尾）のPV（から考えた公共性）論と比べると、本稿は、メディアの発展史をテレビに限らず幅広く再検討することで、社会性や公共性に関して、メディア論的な分析視点の多元化を企図したものといえよう。

本稿の前半で指摘したように、テレビ視聴の個人化はPC（パーソナル・コンピュータ）やスマホの普及と軌を一にするものであるが、それはつまりインター

ネットの普及と関連している。インターネットのコミュニケーションを支える「下部構造」（あるいは「アーキテクチャ」や「コード」と呼ばれるもの）は、人間の想像力に依拠した「印刷物（プリント）共同体」とは違ったかたちで公共性を担保するものではあるが、新聞や雑誌に依拠する共同体と現代的なメディア視聴が生み出す共同体の違いについて、とりあえず「フラット」化と「フィルタリング・バブル」化という観点に集約して考えてみたい。

①公共性のフラット化

　テレビと比べ、双方向性の高いインターネットの普及は、情報発信者の特権性を弱め、社会的地位やアカデミックな権威を背景とした情報ではなくても、一部の共感を獲得できる情報を発信できれば「インフルエンサー」となれる状況を招いた。他方、視聴率を重視する地上波テレビ放送は、その経営戦略から一方向性と権威主義から逃れることは難しい。（この特性は、地上波テレビの放送内容が、ネットで「炎上」を起こす構造的な要因にもなっている。）

　たとえば、選挙の政権放送が YouTube などにアップされるようになり、それに対する双方向のコメントが活性化して以降、投票行動における権威主義は低下し、以前なら泡沫候補に終わったはずの候補者が当選できるようになった。2019 年の東京の区議選で「NHK から国民を守る党」の候補が当選したことは、メディアと公共性のフラット化の例として典型といえよう。

②フィルタリング・バブル化

　周知のとおり「フィルタリング・バブル」化とは、インターネットの情報伝達特性から、利用者の好みに偏った情報が提供されることで、利用者の好みがさらに偏っていくと同時に、類似した志向の者同士でしか情報交換が行われなくなることを意味する。こうした現象は、ネットだけでなく現代の多チャンネル化したテレビ放送にも一部当てはまり、衛星やケーブルを使った有料放送は、個々の消費者のニーズにあった情報提供がオンデマンドで行われることにより、入手情報の偏りが生じている。

こうした視聴者の分断は、当然ながら現代における公共性の成立に強い影響を
与えている。

6. スポーツ観戦のパブリック・ビューイングが育てる公共性

飯田・立石（2015）によると、パブリック・ビューイングが構成する公共性に
は、フラット化やフィルタリング・バブル化とは異なる変化も指摘されている。
その変化を彼らは「仮設文化」と表現している。この指摘は、拙編著『市民学の
挑戦—支えあう市民の公共空間を求めて』（2008）で指摘したような、ネット経
由の社会運動が組織化を嫌い、ともすれば「フラッシュ・モブ」的な展開をみせ
る現象と重なるものといえよう。公共性のフラット化を背景として、社会運動は
活動組織の形成による安定化を遠ざける方向に進んできた。社会運動のための組
織の形成は、指揮系統という上下関係の確立を避けることができないので、権威
主義からくる硬直化を回避しようとすれば、運動は「仮設」的になり、フラッ
シュ・モブ化することを避けることが難しくなる。

この「仮説化」と公共性の現代的変化を関連づけて考えると、社会運動の参加
者が背負っている様々な社会的利害は、その運動自体の利害と切り離すことが以
前よりは容易になり、（利那的になることとバーターで）相対的に自立したかた
ちで運動を展開できるようになってきている。この変化は、労働組合などによる
組織的運動が下火になり、シリアにおける IS の建国や宗教的カルトの行動が、
従来型の組織原理とは異なり、まるで感染症のような展開を示していることとも
重ねることができるだろう。

パブリック・ビューイングが示す公共性は、フラット化、フィルタリング・バ
ブル化、仮設化という、現代的な様相3点をすべて備えるものとなっている。し
かし同時に、広告代理店という現代の情報権力の担い手によって、パブリック・
ビューイングは著作権という縛りをかけられ、実施が規制され始めていること
も、今後の公共性を考える上で重要な視点を提供するだろう。

2020 年開催のオリンピック・パラリンピック大会に対しても、早くも会場来

場者による動画配信を禁止する通達が発表されているが、それがどこまで規制可能なものかは未知数なものとなっている。テレビ経由の視聴であれ、SNS 経由の視聴であれ、そしてなによりパブリック・ビューイングを介したものであれ、メガスポーツイベントへの「参加」を分析することは、今後の社会と公共性の成り立ちを考える上で有用な視座を与えるだろう。この観点から望ましいスポーツ観戦のあり方を考えると、そこで重要になるのは、その競技を深く理解し、自分が応援している選手を上回るパフォーマンスを示した他国の選手の素晴らしさを心から享受できる観客の姿勢の有無であるという指摘をもって、本稿のまとめとしたい。

参考資料

阿部潔（2008）『スポーツの魅惑とメディアの誘惑―身体／国家のカルチュラル・スタディーズ』世界思想社

アンダーソン，B（2007）『定本 想像の共同体―ナショナリズムの起源と流行』書籍工房早川

ダヤーン，D・カッツ，E（1996）『メディア・イベント―歴史をつくるメディア・セレモニー』青弓社

飯田豊・立石祥子（2015）「複合メディア環境における『メディア・イベント』概念の射程―〈仮設文化〉の人類学に向けて」『立命館産業社会論集』51（1）

飯田豊・立石祥子編（2017）『現代メディア・イベント論―パブリック・ビューイングからゲーム実況まで』

香山リカ（2002）『ぷちナショナリズム症候群―若者たちのニッポン主義』中央公論新社

長澤信夫（2002）「デジタル時代のコミュニケーション文化を展示する」『展示学』34

西尾祥子（2011）「パブリック・ビューイングにおけるパブリック性とはなにか」『情報文化学会誌』18（1）

―――（2013）「ドイツにおけるパブリック・ビューイング体験に関する考察―アイデンティティの行方をめぐって」『情報文化学会誌』20（1）

―――（2014）「日本型パブリック・ビューイング文化の成立―2002 年サッカー W 杯におけるオーディエンス経験から」『情報文化学会誌』21（2）

NHK 放送世論調査所編（1967）『東京オリンピック』NHK 放送世論調査所

西山哲郎（2015）「範例的メディアイベントとしての 2020 東京オリンピック・パラリンピック大会の行方について」『マス・コミュニケーション研究』86

松田昇・小木曽洋司・西山哲郎・成元哲編（2008）『市民学の挑戦―支えあう市民の公共空

　　間を求めて』梓出版社

太田美奈子（2018）「青森県下北郡佐井村における初期テレビ受容」『マス・コミュニケーション研究』92

佐野昌行・奥泉香・下村健一（2017）「オリンピック競技大会におけるパブリックビューイング観戦者の様相—観戦行動とメディア使用行動の分析から」『オリンピックスポーツ文化研究』2

渡辺裕（1996）『聴衆の誕生—新装増補版.』春秋社

吉見俊哉（1995）『「声」の資本主義—電話・ラジオ・蓄音機の社会史』講談社

吉見俊哉・若林幹夫・水越伸（1992）『メディアとしての電話』弘文堂

あとがき

西　山　哲　郎

　この文章を書こうとしていた 2019 年の秋、マラソンに関して驚くべきニュースが飛び込んできた。翌年、東京で行われるオリンピックのマラソン競技が、IOC の指示で札幌に会場を移されることになったという。それを聞いて、東京都知事や日本の陸上競技関係者が次々と発信した怒りのコメントは、おそらく大会後も失敗の記憶や記録として残ることになるだろう。

　これに対して、一般の市民ランナーはどのような感想を持たれただろうか。2013 年 9 月に東京へオリンピック招致が決まって以来、国立競技場やロゴマークのデザインに関して一度決まったものがひっくり返されることが続いていたが、開会まで一年を切ったこの時期にまた騒動が繰り返されようとは、さすがに予想された方は少なかったかもしれない。

　個人的な感想として、こうした巨大かつ国際的なイベントで、最初の計画が劇的に変更されること自体は、マネジメント上、仕方のないことと考えている。むしろ、最初に決めたからといって、実情と合わない初期プランが強引に実施されることの方が、結果的に負の遺産を拡大するだろう。問題があったとすれば、その意思決定が誰によるものか、そもそも誰が意思決定の最高責任者であるのか、そして、問題を解決する際、誰が責任を担うのかがはっきりしてなかった点にあると思う。

　私自身はマネジメント研究の専門家ではないが、巨大企業や巨大プロジェクトを運営する上で、一般的な合議制はうまく機能しないように感じている。肝心なのは誰がリーダーシップを担い、成功も失敗も誰が最終的に責任を取るのか、そうした責任能力のある人材を育て、発掘するシステムづくりにあるのではないか。決定権を握り、権力をふるいたがる人は多くても、責任を取れる人はあまりにも少ない。この機会に反省して未来につなげられたら、それこそが遺産（レガ

シー）となり、オリンピックをめぐる数々の騒動も無駄ではなかったという話になるかもしれない。

　それはともかく、スポーツ研究の専門家として、マラソン会場の札幌移設を考えると、そこにはいくつかの論点、反省点が存在するように思う。

　まず、東京都には、オリンピック誘致に際して「2020 年東京大会の理想的な日程」と「温暖で、アスリートにとって理想的な気候」（招致立候補ファイル 13 ページ）を売り文句にしていた点で瑕疵がある。「理想的」とはほど遠い東京の 8 月の焦熱対策について、道路舗装の改良や散水作戦など、様々行った試みがことごとく失敗に終わったことは、計画能力と実行能力の両面で責められてしかるべきだ。次に日本の陸上競技関係者について、急な会場変更でホームの優位性を失ったことに怒りを表明する気持ちはわからないでもないが、だったらなぜ代表選考レース（Marathon Grand Championship）を前年 8 月に実施しなかったのか（実際に MGC が行われたのは、2019 年 9 月 15 日）。予行演習といいながら、8 月の東京でフルマラソンを実施することに不安を感じていたのだとすれば、その欺瞞は率直にいって同情できるものではない。そして IOC についても、開催地の選考過程において、東京の夏の気候を調べるチャンスは十分あったにも関わらず、なぜ問題にしなかったのか。莫大な放送権料を支払うテレビ局との関係で昔のように秋に開催できなくなったのは百歩譲って許すとしても、マラソンや競歩について灼熱のコンクリートジャングルを開催地として認めたことはアスリート・ファーストから 40 〜 50 キロ遠くにある行いだ。IOC 会長はそのズレをただす際、開催国に与えた苦痛と被害を自らの責任として負うべきだと思う。

　スポーツの愛好者として、おそらく生涯で一度の夏季オリンピック地元開催を控えて、このように不満を表明するのは誠に残念なことだが、他方で純粋にマラソンランナーのことを思えば、東京より 5 度は気温が低い札幌で競技が行われることを素直に喜びたい。東京一極集中がますます強まる今の日本で、オリンピック競技の会場が地方に分散されることは、悪いことばかりではない。IOC は選手同士の交流が阻害されることを懸念しているようだが、トップアスリートで競技前後に選手村での滞在を楽しめる人が実際どれだけいるかを考えれば、その懸

念は現実的ではない。むしろ閉会直後に選手同士の交流会を企画するなど、別の工夫こそ望ましいのではないか。マラソン競技が東京でできない代わりに、同年の秋に記念マラソンを開催するのも結構なことだが、選手同士や市民ランナーとの交流について IOC や東京都ができることは、まだいくらでもあるように思う。

そうした交流のヒントとして、本書の前半でロンドンやベルリンでのマラソン経験から学べることは非常に大きいのではないだろうか。ねじり鉢巻きで少しでも記録を縮めることに血道をあげるのも楽しいとは思うが、市民ランナーには様々な楽しみ方が開かれていることをそこから読み取っていただければ幸いである。また、手前味噌ながら、私と同様にオリンピック・チケットの抽選に敗れた多くの方々には、様々な場所で行われるだろうパブリック・ビューイングで国際交流の可能性を開いていただきたいと思う。そうやって、IOC や東京都が予想しなかったところでオリンピックを楽しみ、大会後もスルメのようにレガシーを味わうヒントを本書から見出していただければ幸いである。

ちなみに、本書の共著者である杉本厚夫が創設から深く関わってきた大阪マラソンでは、アスリート・ファースト、ランナー・ファーストの観点から、近年ふたつの改革を行ってきた。そのひとつは、市民ランナーの完走率を上げるため、気候に配慮して 2017 年から開催日を 10 月の末から 11 月の末に 1 か月遅らせたこと。そしてもうひとつは、ランナー同士のレース後の交流を盛んにするため、2019 年から大阪城公園をゴールとするセントラル・フィニッシュに変更したことである。開始から 2018 年までは、大阪城をスタート地点とし、湾岸地区にある見本市会場をゴールとしていたが、後者にはひとつしか最寄り駅がなく、周囲には飲食店もろくに存在しなかった。ゴール後に筋肉痛をかかえ、駅までの長蛇の列をランナーに強いることは、市民マラソンの喜びを大幅に削ぐものであった。大阪城公園の周囲には複数の駅があり、たくさんの飲食店が並んでいる。年々、海外からの参加者が増えている大阪マラソンでの交流もまた、オリンピックのレガシーを引き継ぐ場となるだろう。

最後に、本書をまとめるまでには、「スポーツ・健康と地域社会」研究会のメンバーをはじめ、研究会のメンバーでもある増田明美さん、現役マラソンラン

ナーの吉田香織さん、コーチの打越忠夫さん、競技支援者の白方健一さん、シンガーソング「ランナー」の大地穂（SUI）さん、川内優輝選手の物まねで知られるM高史さん、そのほか様々な人との出会いがあった。その成果がここに結実したことを皆様に感謝しつつ、あとがきとさせていただきたい。

執筆者紹介

関西大学　経済・政治研究所　スポーツ・健康と地域社会研究班

亀 井 克 之　関西大学社会安全学部教授　経営学　リスクマネジメント論
杉 本 厚 夫　関西大学人間健康学部教授　スポーツ教育学　スポーツ社会学
西 山 哲 郎　関西大学人間健康学部教授　スポーツ社会学　身体文化論
増 田 明 美　大阪芸術大学芸術計画学科教授　スポーツジャーナリスト
吉 田 香 織　一般社団法人アスリートサポート協会理事
尾 久 裕 紀　大妻女子大学人間関係学部教授　精神医学　力動的精神療法

協力

打 越 忠 夫　一般社団法人アスリートサポート協会代表理事
白 方 健 一　Top Gear インターナショナル合同会社　代表
Ｍ　高　史　ものまねアスリート芸人

関西大学経済・政治研究所研究双書 第172冊

続・市民マラソンがスポーツ文化を変えた

2020（令和2）年3月31日　発行

著　　　者　亀　井　克　之
　　　　　　杉　本　厚　夫
　　　　　　西　山　哲　郎
　　　　　　増　田　明　美
　　　　　　吉　田　香　織
　　　　　　尾　久　裕　紀

発　行　者　関西大学経済・政治研究所
　　　　　　〒564-8680 大阪府吹田市山手町3丁目3番35号

発　行　所　関 西 大 学 出 版 部
　　　　　　〒564-8680 大阪府吹田市山手町3丁目3番35号

印　刷　所　協 和 印 刷 株 式 会 社
　　　　　　〒615-0052 京都市右京区西院清水町13

© 2020 Katsuyuki KAMEI / Atsuo SUGIMOTO / Tetsuo NISHIYAMA /
Akemi MASUDA / Kaori YOSHIDA / Hiroki OGYU
Printed in Japan

ISBN978-4-87354-717-6 C3075　　　落丁・乱丁はお取替えいたします。

Economic & Political Studies Series No.172

Japanese Citizens' Marathon has changed Sports Culture 2

Contents

Introduction ·· iii
Katsuyuki KAMEI

I Narrative seen in the London Marathon ···································· 1
Atsuo SUGIMOTO

II Magic in Berlin Marathon ·· 13
Katsuyuki KAMEI

III Branding the Osaka Marathon through volunteer activities :
Narrative in sports volunteers ·· 19
Atsuo SUGIMOTO

IV Self Change and Organizational Change by Citizens' Marathon
— Case of Osaka Marathon — ·· 35
Katsuyuki KAMEI · Atsuo SUGIMOTO · Akemi MASUDA

V Learn through Communication between Citizen Runners
and Top Runners ·· 45
Kaori YOSHIDA

VI Health Management in Family Business ································· 87
Katsuyuki KAMEI · Hiroki OGYU

VII Spectating Sport as an Experience via Medium Society
and Publicness emerging from Public Viewing ························ 95
Tetsuo NISHIYAMA

Conclusion ·· 107
Tetsuo NISHIYAMA

The Institute of Economic and Political Studies
KANSAI UNIVERSITY